Finance for Divas

Marsal Ghiasi
Finance for Divas

Schritt für Schritt an der Börse investieren

 Springer

Marsal Ghiasi
Frankfurt, Deutschland

ISBN 978-3-658-48642-6   ISBN 978-3-658-48643-3   (eBook)
https://doi.org/10.1007/978-3-658-48643-3

Die Deutsche Nationalbibliothek verzeichnet diese Publikation in der Deutschen Nationalbibliografie; detaillierte bibliografische Daten sind im Internet über https://portal.dnb.de abrufbar.

Planung/Lektorat: Catarina Gomes de Almeida
Springer ist ein Imprint der eingetragenen Gesellschaft Springer Fachmedien Wiesbaden GmbH und ist ein Teil von Springer Nature.
Die Anschrift der Gesellschaft ist: Abraham-Lincoln-Str. 46, 65189 Wiesbaden, Germany

Inhaltsverzeichnis

Widmung

Dieses Buch widme ich meinem Großvater, den ich leider nie persönlich kennenlernen durfte – und dennoch fühle ich mich ihm auf besondere Weise verbunden. Seine Leidenschaft für das Schreiben lebt in mir weiter. Als Schriftsteller und Chefredakteur eines großen Verlags in Afghanistan war er eine Stimme seiner Zeit. Heute ist er eine Inspiration für mich.

Ebenso widme ich dieses Buch meinen wundervollen Eltern, die mich in allem unterstützt haben – mit Liebe, Vertrauen und unerschütterlichem Glauben an mich. Ihr seid meine größten Vorbilder. Ohne euch wäre dieser Weg nicht möglich gewesen.

Danke, dass ihr an mich glaubt – gestern, heute und immer.

Vorwort

Investieren ist schon lange kein exklusives Thema mehr für Banken, Wirtschaftsexpertinnen[1] oder Börsenprofis. Es geht uns alle etwas an, denn unser Geld sollte für uns arbeiten, anstatt langsam durch Inflation an Wert zu verlieren. Doch der Einstieg in die Finanzwelt kann einschüchternd wirken. Komplizierte Begriffe, unzählige Strategien und eine Flut an Informationen lassen viele zögern. Genau deshalb habe ich dieses Buch geschrieben. Es soll dir helfen, Schritt für Schritt ein solides Verständnis für das Investieren zu entwickeln, sodass du dein Geld bewusst in die Hand nehmen und anlegen kannst – ohne Angst, sondern mit Wissen und Selbstvertrauen.

Mit diesem Buch möchte ich vor allem Frauen dazu ermutigen, sich stärker mit dem Thema Geldanlage zu beschäftigen. Gleichzeitig bietet das Buch auch Männern wertvolle Erkenntnisse, denn finanzielle Bildung aus der Perspektive einer Frau kann neue Blickwinkel eröffnen und ebenso einen echten Mehrwert bieten. Also, liebe Männer, fühlt euch genauso angesprochen!

Die Börse mag auf den ersten Blick kompliziert und einschüchternd wirken, aber ich möchte zeigen, dass sie eigentlich gar nicht so schwer zu verstehen ist, wenn man die wichtigsten Grundlagen kennt. Es ist

---

[1] Zur besseren Lesbarkeit und Sprachvereinfachung wird in diesem Text überwiegend die weibliche Form verwendet. Gemeint sind dabei selbstverständlich alle Geschlechter.

nicht viel anders als Online-Shopping oder Social Media, Dinge, die wir ohne große Anstrengung in unseren Alltag integrieren und beherrschen. Wichtig zu begreifen ist auch: Man muss kein „typischer Nerd" sein, um die Börse zu verstehen. Wie ich immer so schön sage: „Ich liebe die Börse. Ich bin einer dieser untypischen Nerds, halt nur mit Lippenstift und High-Heels." Man muss auch kein Mann sein, um sich für Finanzen zu interessieren. Viel wichtiger sind Neugier und echtes Interesse am Thema. Und nur weil man sich für die Börse begeistert, heißt es auch nicht, dass man weniger weiblich ist. Das eine schließt das andere nicht aus. Auch wenn die Börse noch von Männern dominiert wird, heißt das nicht, dass es so bleiben muss. Je mehr wir uns mit dem Thema beschäftigen, uns vernetzen und voneinander lernen, desto selbstbewusster werden wir – und genau so verändern wir die Finanzwelt. Denn finanzielle Bildung sollte für alle zugänglich sein, ganz egal, ob Frau oder Mann.

Deshalb ist es an der Zeit, mit alten Klischees aufzuräumen und zu zeigen, dass Finanzwissen für alle da ist – unabhängig vom Geschlecht.

Über dieses Buch

Dieses Buch ist bewusst praxisnah gestaltet und begleitet dich von den Grundlagen bis hin zu den konkreten Schritten, mit denen du sofort loslegen kannst. Am Anfang räumen wir erst einmal besagte Klischees und auch ein paar Mythen aus dem Weg. Anschließend werden wichtige Begriffe und Prinzipien geklärt, damit du die Basics des Investierens verstehst. Es geht um gängige Börsenbegriffe, die dir immer wieder begegnen werden, deren Bedeutung aber oft unklar ist. Je weiter du liest, desto praxisorientierter wird es. In diesem Buch findest du konkrete Anleitungen, mit denen du dein eigenes Portfolio aufbauen kannst. Persönliche Einblicke geben dir eine realistische Perspektive auf das Thema Investieren. Zudem werden verschiedene Strategien und Ansätze behandelt – von bewährten Methoden bis zu alternativen Investments wie Designer-Taschen.

Dabei ist das Buch in einer geschlechtsbewussten Sprache verfasst. Auch wenn ich eine feminine Schreibweise verwende, sind selbstverständlich alle Leserinnen und Leser gemeint. Das Buch kann linear, also nacheinander von Anfang bis Ende, gelesen oder als Nachschlagewerk genutzt werden, indem du gezielt Kapitel auswählst, die dich besonders interessieren.

Zusammengefasst: Dieses Buch ist ein praktischer Einstieg für Frauen – aber natürlich auch Männer –, die nicht wissen, wo sie anfangen sollen. Viele Finanzbücher sind meiner Meinung nach unnötig kompliziert und oft trocken und schwer verständlich. Deshalb setze ich hier auf viele visuelle Darstellungen, um Konzepte leichter begreifbar zu machen, ganz nach dem Motto: „Ein Bild sagt mehr als tausend Worte." Mein Ziel ist es, dir die grundlegenden Themen auf einfache und verständliche Weise näherzubringen und die komplexe Finanzwelt zu „entkomplizieren".

Tipp: Wenn du beim Lesen auf Begriffe stößt, die dir nichts sagen – nennen wir es mal „Börsenslang" –, spring gerne ans Ende des Buches. In ▶ Kap. 11 habe ich ein kleines Börsenglossar für dich zusammengestellt. Dort findest du die wichtigsten Begriffe rund ums Investieren in alphabetischer Reihenfolge, kurz und einfach erklärt. Begriffe wie „Inflation" oder „Rendite" werden im Buch zwar angeschnitten, aber nicht jedes Wort kann ausführlich behandelt werden – sonst würde ich noch Jahre an diesem Buch schreiben. ▶ Kap. 11 hilft dir dabei, den Überblick zu behalten, ohne dass du jedes Mal googeln oder ChatGPT fragen musst.

Disclaimer

Dieses Buch ist weder eine Finanzberatung noch eine Anlageempfehlung und auch keine Glaskugel für garantierte Gewinne. Alles, was du hier liest, basiert auf meinen persönlichen Erfahrungen und meiner Sicht auf die Börse und Investitionen. Mein Ziel ist es, dir ein solides Finanzverständnis zu vermitteln, damit du deine eigenen, gut informierten Entscheidungen treffen kannst. Denk daran: Jede Investition birgt Risiken, und niemand kann garantieren, dass sich eine Anlage wie gewünscht entwickelt. Daher ist es wichtig, sich gut zu informieren, alle Möglichkeiten gründlich abzuwägen und durchdachte Entscheidungen zu treffen.

Nun wünsche ich dir viel Freude beim Weiterlesen und spannende Erkenntnisse auf deinem Weg in die Welt des Investierens!

Falls du Fragen hast oder dich mit mir vernetzen möchtest, besuch gerne meine Website www.fiance4divas.com, folge mir auf Social Media *@fiance4divas* oder verbinde dich mit mir auf LinkedIn. Ich freue mich auf den Austausch mit dir!

"Ich liebe
die Börse. Ich bin
einer dieser untypischen
Nerds, halt nur mit
Lippenstift und
High-Heels."

- Marsal Ghiasi -

Wer steckt hinter Finance for Divas

Ich fange mal ganz von vorne an. Meine Geschichte beginnt weit entfernt von den Höhen, die ich heute erreicht habe. Mein Name ist Marsal Ghiasi, und seit 1995 ist Deutschland meine Heimat. Geboren bin ich in der Ukraine und meine Wurzeln liegen in Afghanistan, doch mein Zuhause habe ich hier gefunden. Ich bin mit neun Jahren zusammen mit meinen Eltern nach Deutschland gekommen. Die ersten deutschen Wörter, die ich gelernt habe, waren „Grüß Gott". Richtig, ich bin in Bayern aufgewachsen. Die Anfangszeit meiner Kindheit und Jugend habe ich in einem Asylbewerberheim in Bayreuth verbracht. Das hört sich vielleicht für einige jetzt schlimm an, aber so schlimm war es nicht. Für mich war es eine prägende und wertvolle Erfahrung. Ich hatte Freunde aus aller Welt – aus Afrika, Bhutan, Bosnien, dem Iran – und diese Vielfalt hat mich bereichert. Heute blicke ich voller Stolz darauf zurück, weil ich genau weiß, woher ich komme und welchen Weg ich gegangen bin.

Mit meiner Geschichte möchte ich zeigen, dass man nicht aus einem reichen Elternhaus stammen muss, um sich erfolgreich mit dem Thema Geldanlage zu beschäftigen. Egal woher man kommt oder welchen Hintergrund man hat – jeder kann sich das nötige Wissen aneignen und seine finanzielle Zukunft selbst in die Hand nehmen. Ich selbst habe gelernt, dass mit ein bisschen Neugier und Engagement alles möglich ist und vor allem habe ich gelernt, die Welt der Finanzen zu verstehen und davon zu profitieren. Es geht darum, sich zu trauen, Neues zu lernen und Schritt für Schritt mehr Sicherheit im Umgang mit Geldanlagen zu gewinnen. Wenn ich das schaffen kann, dann kannst du das auch!

Mein Leben in Deutschland nahm seinen Anfang also in einem 12-Quadratmeter-Zimmer in einem Asylbewerberheim. Jetzt bin ich an einem Punkt angelangt, auf den ich mit Stolz blicken kann. Ich halte mein eigenes Buch in Händen. Ich habe ein Buch verfasst, in dem ich mein Wissen mit dir teilen darf. Jetzt fragst du dich vielleicht, was ich erreicht habe oder was ich heute im Leben mache? Nun, ich arbeite als Vice President bei einer internationalen Investmentgesellschaft in Frankfurt, bin Finanzbloggerin, besitze Immobilien und baue gerade mein Haus in Frankfurt – Dinge, die ich mir früher nie hätte träumen lassen. Der Weg hierher war alles andere als leicht und die Vorstellung, ein Vermögen aufzubauen und mir all das leisten zu können, war für mich lange Zeit unvorstellbar. Doch ich habe gesehen, dass es möglich ist, trotz schwieriger Umstände und Herausforderungen, finanziell erfolgreich zu sein. Die Fähigkeit, sich anzupassen, ständig dazuzulernen und sich immer weiterzuentwickeln, ist entscheidend für den finanziellen Erfolg. Ich hoffe, dass meine Geschichte Frauen und Männer dazu inspiriert, ihren eigenen Weg zu finden und ihnen die Angst nimmt, sich intensiver mit dem Thema Börse zu beschäftigen. Es ist einfacher, als du vielleicht denkst, und ich möchte dich ermutigen, den ersten Schritt zu wagen.

Kommen wir zu meinem akademischen Werdegang, der den Beginn meiner Reise in die Finanzwelt markierte. Ich habe meine Bachelorarbeit über das Thema „Equity Premium Puzzle" und meine Masterarbeit über „Antizyklische Handelsstrategie" geschrieben, also sehr finanzspezifische Themen. Klingt beeindruckend, oder? Man könnte meinen, dass ich damit schon alles über die Börse wusste. Aber ehrlich gesagt, war das in etwa so, als hätte ich gerade frisch meinen Führerschein bekommen: Die Theorie hatte ich zwar gemeistert, aber richtig Autofahren lernt man erst, wenn man tatsächlich hinterm Steuer sitzt. Selbst wenn man die Theorieprüfung mit Bravour besteht, passiert es doch, dass man das Auto an der ersten Ampel abwürgt. Genauso war es bei mir mit der Börse – die Theorie saß, aber die Praxis war eine ganz andere Herausforderung. Ich habe mir das „Autofahren" an der Börse also quasi selbst beigebracht, Schritt für Schritt, mit all den Fehlern und Lernmomenten, die dazugehören.

Ich muss ehrlich zugeben, das Thema Geldanlage war für mich am Anfang nicht so wichtig. Das kam erst ein paar Jährchen später. Naja, besser spät als nie! Und das ganze „Theorie-Zeug" braucht man – um ehrlich zu sein – eigentlich nicht, wenn man mit dem Investieren anfangen will. „So wenig wie möglich – aber so viel wie nötig!" – die wichtigsten Basics reichen erstmal völlig aus, wenn du langfristig investieren willst. Du musst kein Börsen-Guru sein. Das Wichtigste ist, dass du überhaupt anfängst, dich mit dem Thema zu beschäftigen und – noch wichtiger – einfach mal den ersten Schritt machst. Alles andere lernst du unterwegs – #learningbydoing!

Wer bin ich?
Name: Marsal
Alter: 40
Geboren: Ukraine
Wurzeln: Afghanistan
Heimat: Deutschland
B.Sc. & M.Sc.
Zertifizierte ETF-
Spezialistin
Vice President
MaMa von 2 Jungs
Verheiratet
Taschenverrückt
Börsen-Nerd
Diva

Wie ich angefangen habe zu investieren

Meine Leidenschaft für das Investieren begann auf eine ziemlich unkonventionelle Weise: mit Designer-Taschen! Wer hätte gedacht, dass mir ausgerechnet mein Faible für schöne Designer-Taschen den ersten Aha-Moment in Sachen Finanzen bescheren würde? Als ich Studentin war, hatte ich kaum Geld und meine erste Designer-Tasche habe ich mir damals zum Studium mit ach und krach gegönnt. Das war die Speedy von Louis Vuitton. Damals hat sie 390 EUR gekostet. Für mich war das zu der Zeit eine Menge Geld. Heute bekommt man dafür nicht mal ein Portemonnaie. Nun ja, wie das so ist, wollte ich nach ein paar Jahren eine neue Tasche haben, aber da ich mir das nicht so einfach leisten konnte, habe ich beschlossen, meine alten Taschen bei Ebay zu verkaufen. Für meine No-Name-Taschen habe ich nichts bekommen bzw. die wollte keiner. Aber für meine fünf Jahre alte, gebrauchte Speedy gab es einige Interessentinnen. Am Ende verkaufte ich sie für 400 Euro – also mehr als ich ursprünglich bezahlt hatte! **2,6 % Rendite, plus die „Nutzungsrendite" für all die Jahre, in denen sie mein treuer Begleiter war.** Das hat mich ziemlich beeindruckt. Mein nächster Gedanke war, mein Geld weiter in Designer-Taschen „anzulegen", indem ich mir vom Erlös eine neue Tasche kaufte. Und tatsächlich: die Preise stiegen weiter! Während meine Taschen einfach im Schrank lagen, wurden sie wertvoller. Das heißt, je länger ich wartete, desto mehr konnte ich dafür bekommen. Diese wertvolle Erfahrung veränderte mein Mindset grundlegend und inspirierte mich später dazu, mein Portfolio zu erweitern. Ich habe verstanden, dass es Dinge gibt, die mit der Zeit automatisch im Wert steigen – wenn man sie klug auswählt. Deshalb habe ich mit Mitte 20, direkt nach dem Studium und nach der Probezeit bei einer internationalen Wirtschaftsprüfungsgesellschaft, meine erste Immobilie in Frankfurt gekauft. Ich war damals die jüngste Eigentümerin zwischen den ganzen anderen. Viele in meinem Umfeld reagierten skeptisch und hielten mich für zu jung und unerfahren, um in Immobilien zu investieren – vor allem kurz nach dem Studium, zumal mein Mann damals noch Student war. Aber es gibt nie den perfekten Zeitpunkt und man ist nie zu jung oder zu alt. Ich informierte mich und vertraute auf meinen Instinkt. Fünf Jahre später kaufte ich dann die zweite Immobilie. Irgendwann begann ich mein Geld in Fonds anzulegen, zunächst über Finanzberater. Anfang 2020 ging es dann richtig los, und ich übernahm selbst die Kontrolle über meine Investments und erweiterte mein Portfolio um ETFs und Einzelaktien. Seit 2021 investiere ich auch in Kryptowährungen wie Bitcoin und Ethereum. Schritt für Schritt habe ich mein Wissen und meine Erfahrung in der Welt der Finanzen aufgebaut. Mittlerweile habe ich mir ein recht diversifiziertes Portfolio aufgebaut, aus Einzelaktien, ETFs, Immobilien, Kryptos und natürlich meinem Lieblingsinvestment: Designer-Taschen. Investieren ist wirklich keine Rocket Science. Man muss sich einfach mit dem Thema beschäftigen, alles andere kommt dann ganz von selbst.

Mittlerweile ist es für mich selbstverständlich geworden, mein Depot regelmäßig zu checken und die Aktienkurse im Blick zu behalten – das gehört einfach zu meinem Alltag dazu.

»Lieber 50 % richtig machen, als 100 % nichts machen.

Wusstest du schon? Viele Studien belegen, dass Frauen die besseren Investorinnen sind.[2] Und genau deshalb möchte ich – besonders meinen weiblichen Leserinnen – schon im Vorfeld die Angst und Skepsis nehmen, damit du selbstbewusst und mit klarem Blick dieses Buch weiterliest. Du wirst merken, dass es doch nicht so kompliziert ist, wie du vielleicht dachtest, und dass du das Thema Börse leichter verstehen kannst, als es auf den ersten Blick erscheint.

---

[2] ING-Analyse (2024); Fidelity Investments Studie (2021).

1. Börsen-Mythen entlarvt

Bevor wir loslegen, räumen wir erst einmal mit ein paar gängigen Börsen-Mythen auf. Denn viele dieser Irrtümer haben bereits unzählige Frauen – und auch Männer – davon abgehalten, sich mit Geldanlage zu beschäftigen. Völlig zu Unrecht! Das ändern wir jetzt. Hier kommen die häufigsten Missverständnisse – und warum du diese getrost vergessen darfst.

© Der/die Autor(en), exklusiv lizenziert an
Springer Fachmedien Wiesbaden GmbH, ein Teil von Springer Nature 2025
M. Ghiasi, *Finance for Divas*, https://doi.org/10.1007/978-3-658-48643-3_1

Mythos 1: Die Börse ist nichts für Frauen
Dieser Irrglaube ist nicht nur überholt, sondern schlichtweg falsch. Tatsächlich sind die meisten Investoren Männer, aber Geldanlage ist keine Gender-Frage. Studien [3] belegen sogar, dass Frauen häufig erfolgreicher investieren als Männer. Wir müssen uns das nur zutrauen und selbstbewusst unsere Finanzen in die Hand nehmen.

---

[3] ING-Analyse (2024); Fidelity Investments Studie (2021).

Mythos 2: Die Börse ist ein Ort für Zocker

An der Börse „zocken" nur diejenigen, die keine Ahnung haben, was sie tun oder denken, man könne in kurzer Zeit das große Geld machen. Doch genau diese Einstellung führt oft zu Verlusten. Wenn du hingegen in Unternehmen investierst, die du verstehst, und über einen langen Anlagehorizont hinweg investierst, wirst du sehen, dass sich Geduld auszahlt. „Geduld ist die oberste Tugend der Investorinnen"[4] – das ist der Schlüssel zum Erfolg.

Mythos 3: Die Börse ist nur etwas für Reiche

Falsch! Dieser Gedanke hält sich hartnäckig, aber er ist längst überholt. Die Börse ist heute so zugänglich wie nie zuvor. Du brauchst kein dickes Bankkonto, um loszulegen. Bereits mit 1 Euro im Monat kannst du über Sparpläne investieren – das ist kein Scherz! Viele Online-Broker ermöglichen den Einstieg mit kleinen Beträgen. Es ist völlig egal, ob du 25, 50 oder 100 Euro monatlich investierst – wichtig ist, dass du überhaupt startest. Erfolg an der Börse hängt nicht vom Geldbeutel ab, sondern davon, dass du ins Handeln kommst und langfristig dranbleibst.

Mythos 4: Man muss eine Expertin sein, um zu investieren

Ganz ehrlich: Nein! Du musst keine Expertin sein, um erfolgreich zu investieren. Die Basics reichen vollkommen aus, wenn du langfristig denkst. Dafür musst du nicht viele Finanzbücher verschlingen – obwohl das Buch, das du gerade in der Hand hältst, ein ziemlich guter Anfang sein könnte. Viel wichtiger ist es, diszipliniert zu bleiben, Geduld zu haben und sich nicht von jeder Marktbewegung verunsichern zu lassen. Für den Start gilt: so wenig wie möglich, aber so viel wie nötig. Und wer weiß? Vielleicht entwickelst du mit der Zeit ein echtes Finanz-Feeling – und wirst selbst zur Expertin.

Mythos 5: Der große Crash

Es lässt sich nie völlig ausschließen, dass der Aktienmarkt in naher Zukunft wieder stark einbricht, ähnlich wie während der Corona-Krise. Allerdings hat es in der gesamten Historie des Finanzmarktes noch keinen Crash gegeben, der das System für immer zum Einsturz gebracht hat. Für

---

[4] Zitat sinngemäß in Anlehnung an: Graham, B. (2003).

gewöhnlich korrigiert sich der Markt wieder. Langfristiges Investieren und Diversifikation sind die besten Strategien, um solche Schwankungen zu überstehen.

Mythos 6: Aktien sind immer zu riskant

Viele Menschen glauben, dass Aktien grundsätzlich zu riskant sind. Zwar gibt es Risiken, aber mit der richtigen Strategie und Geduld können diese erheblich reduziert werden. Der Schlüssel liegt in der Diversifikation und der Auswahl von qualitativ hochwertigen Unternehmen. Langfristige Investitionen in Aktien haben sich historisch als eine der besten Möglichkeiten erwiesen, Vermögen aufzubauen. Aktien sind nicht per se riskant. Sie bieten Potenzial für hohe Renditen, insbesondere bei langfristigen Investitionen. Wichtig ist, dass du dich gut informierst und nicht alles auf eine Karte setzt. Eine durchdachte Anlagestrategie kann das Risiko minimieren und gleichzeitig die Chancen auf Erfolg maximieren.

Mythos 7: Timing ist alles

Viele glauben, dass der Erfolg an der Börse davon abhängt, den richtigen Zeitpunkt für Kauf und Verkauf zu finden. Das führt oft zu nervösem Handeln und kurzfristigen Entscheidungen, die selten von Erfolg gekrönt sind. Langfristige Investitionen hingegen erfordern kein ständiges Timing. Versuche nicht, den Markt zu timen. Selbst Experten können nicht zuverlässig vorhersagen, wann die besten Kauf- oder Verkaufszeitpunkte sind.

Mythos 8: Man braucht ständige Aufmerksamkeit

Viele glauben, dass man den Aktienmarkt pausenlos beobachten und auf jede kleine Bewegung reagieren muss, um erfolgreich zu sein. Das klingt nicht nur anstrengend, sondern ist auch ein Mythos. In Wirklichkeit ist es oft viel besser, ruhig zu bleiben und einen langen Atem zu haben. Wenn du regelmäßig investierst und nicht gleich nervös wirst, sobald sich am Markt etwas bewegt, fährst du langfristig meist besser. Du musst nicht ständig eingreifen – im Gegenteil: Weniger ist oft mehr. Es reicht völlig aus, wenn du vielleicht ein- oder zweimal im Jahr einen Blick in dein Portfolio wirfst – mehr ist gar nicht nötig. Eine einfache und bewährte Strategie nennt sich „Buy and Hold" – was so viel heißt wie „Kaufen und Halten". Keine Sorge, darauf gehe ich später noch genauer ein.

Für den Moment reicht es zu wissen: du kaufst etwas und lässt es einfach für sich arbeiten. Ohne ständig rein- und rauszuspringen.

Diese Mythen verdeutlichen, dass viele der verbreiteten Annahmen über die Börse schlichtweg falsch sind. Die gute Nachricht ist – du musst weder reich noch Expertin sein, um erfolgreich zu investieren. Mit dem richtigen Wissen, einer klaren Strategie und einer Portion Geduld ist viel mehr möglich, als du vielleicht bisher gedacht hast. So, jetzt da wir die größten Mythen aus dem Weg geräumt haben, können wir endlich richtig loslegen. Im nächsten Kapitel werfen wir gemeinsam einen Blick auf die Basics: Was ist eigentlich diese „Börse", von der alle sprechen? Wie funktioniert sie – und warum spielt sie eine so wichtige Rolle, wenn du dein Geld clever anlegen möchtest? Keine Sorge, ich erkläre alles Schritt für Schritt. Bereit? Dann tauchen wir tiefer ein!

NOTIZEN

Die wichtigsten Punkte für mich:

2. Was ist eine Börse?

Zusammenfassung

Dieses Kapitel führt dich in die Grundlagen des Börsenhandels ein und gibt praktische Tipps für den Einstieg. Du erfährst, was eine Börse ist, wie sie funktioniert und warum feste Handelszeiten eine wichtige Rolle spielen. Die Börse ist rund um die Welt aktiv, doch je nach Markt gibt es unterschiedliche Öffnungszeiten, die sich auf Preise und Gebühren auswirken können. Ein zentraler Punkt ist der sogenannte „Spread" – die Differenz zwischen Kauf- und Verkaufspreis einer Aktie. Du lernst, wie dieser entsteht, warum er als versteckte Gebühr gilt und wie du ihn minimieren kannst. Mit dem richtigen Wissen über Handelszeiten, Marktlage und Spreads kannst du kluge Entscheidungen treffen und deine Kosten senken. Kurz gesagt: Dieses Kapitel liefert dir das grundlegende Börsenwissen, um erfolgreich in die Finanzwelt einzusteigen.

Fangen wir mit der wichtigsten Frage an. Was ist eigentlich eine Börse? Eine Börse ist ein Handelsplatz zum Kauf und Verkauf von Aktien, ETFs und anderen Wertpapieren. Oder wie ich es gerne sage: „**Die Börse ist eine Art Shopping-Center für Wertpapiere, wie Aktien oder ETFs.**" Was Aktien oder ETFs sind, dazu kommen wir später.

Abb. 2.1 Was ist eine Börse?

Im Grunde genommen ist die Börse nichts anderes als eine Art Marktplatz oder Shopping-Center. Sie ist ein Ort, an dem Käufer und Verkäufer von Wertpapieren zusammenfinden. Und es gibt überall auf der Welt (◉ Abb. 2.1) diese „Shopping-Center". Die größten und bekanntesten Börsenplätze (oder, wie ich gerne immer sage: die größten Shopping-Center) der Welt befinden sich in New York (New York Stock Exchange, NASDAQ), in Tokio (Tokyo Stock Exchange) in London (London Stock Exchange), sowie in Schanghai (Shanghai Stock Exchange) und Shenzhen (Shenzhen Stock Exchange).

Wer darf an der Börse handeln?
Eigentlich, **JEDER!** Aber der direkte Handel an der Börse bzw. im Shopping-Center ist nur den „Börsenmitgliedern" vorbehalten. Das sind beispielsweise Kreditinstitute oder Börsenmakler. Privatanlegerinnen wie du und ich können an der Börse handeln, wenn wir bei einem Broker oder

einer Bank ein Depot, quasi einen Einkaufswagen, haben. Das heißt, um im Shopping-Center handeln zu können, brauchen wir erstmal einen Einkaufwagen. Aber mehr dazu später. Merke dir einfach den Einkaufwagen. Wichtig ist, dass du zunächst verstehst, was die Börse genau ist. Was genau ein Depot ist, werde ich in den folgenden Kapiteln ausführlicher erklären, damit du ein klares Bild davon bekommst, wie alles funktioniert.

2.1   Wann ist die Börse offen?

Nachdem wir jetzt wissen, was eine Börse ist, gehen wir in diesem Abschnitt auf die „Öffnungszeiten" der Börsen ein – ja, genau wie beim Shopping-Center, aber statt Schnäppchenjagd geht es hier um den besten Zeitpunkt beim Handeln. Jede Börse weltweit hat ihre festen Öffnungszeiten und diese variieren je nach Land. Während wir in Europa noch schlafen, klingeln in Asien schon die Börsenglocken, und wenn wir in Frankfurt den Feierabend einläuten, läuft der Handel in New York gerade auf Hochtouren.

Warum das wichtig ist? Nun, der Zeitpunkt deines Handels kann den Unterschied machen – sowohl beim Preis als auch bei den Gebühren. In diesem Abschnitt erkläre ich dir, warum es sich lohnt, die Börsenzeiten im Auge zu behalten und wie du das optimale Timing findest, um das Beste aus deinen Investitionen herauszuholen.

Die Börsen der Welt schlafen bekanntlich nie. Immer der Sonne nach – von Asien über Europa nach Amerika öffnen die Börsen. Im Prinzip gibt es keine Minute eines Tages, an dem nicht irgendwo auf dieser Welt eine Aktie gehandelt werden kann. Wie ◉ Tab. 2.1 zeigt, variieren die Handelszeiten je nach Land und Börse erheblich.

Tab. 2.1   Börsenöffnungszeiten weltweit: Ein Überblick

Land	(Shopping-Center)	Öffnungszeiten
Japan	TSE	01:00 bis 3:30 Uhr, 04:30 bis 07:00 Uhr*
Hong Kong	HKEX	02:30 bis 05:00 Uhr, 06:00 bis 09:00 Uhr*
Deutschland	Xetra	09:00 bis 17:30 Uhr*
Großbritannien	LSE	09:00 bis 17:30 Uhr*
USA	NYSE	15:30 bis 22:00 Uhr*
*Die Öffnungszeiten können je nach Zeitumstellung variieren.		

Grundsätzlich kannst du Aktien oder ETFs nur kaufen oder verkaufen, wenn die entsprechenden Börsen auch geöffnet sind. Die meisten Börsen sind ausschließlich werktags von Montag bis Freitag geöffnet. Einige Börsen, überwiegend asiatischen Börsen, haben über die Mittagszeit geschlossen. Beim Kauf von Aktien lohnt es sich deshalb, auf das richtige Timing zu setzen. Die Preise der Aktien variieren je nach Tageszeit und es entstehen unterschiedliche Spreads. Was Spreads genau sind, erläutern ich ausführlich in ▶ Abschn. 2.2.

In Deutschland gibt es verschiedene Börsenplätze, deren Öffnungszeiten sich voneinander unterscheiden. Neben der bekannten Frankfurter Börse, die als deutsche Leitbörse gilt, gibt es noch eine Reihe anderer Regionalbörsen wie die Börse Berlin, Börse Düsseldorf, Börse Stuttgart, oder Börse München. Xetra, der digitale Handelsplatz der Frankfurter Börse, ist allerdings der wichtigste Handelsplatz hier im Lande. Hier findet über 90 % des gesamten Aktienhandels aller deutscher Börsen statt.[5] Demnach sind die Xetra-Handelszeiten für dich als Anfängerin von zentraler Bedeutung.

◉ Tab. 2.2 bietet einen Überblick über die Börsen in Deutschland.

Tab. 2.2 Börsen in Deutschland

Börsen	Handelszeiten
Xetra (Digitale Börse)	09:00 bis 17.30 Uhr
Börse Frankfurt	08:00 bis 22:00 Uhr
Börse Stuttgart	08:00 bis 22:00 Uhr
Börse Hannover	08:00 bis 22:00 Uhr
Hamburger Börse	08:00 bis 22:00 Uhr
Berliner Börse	08:00 bis 22:00 Uhr
Börse Düsseldorf	08:00 bis 22:00 Uhr
Börse München	08:00 bis 22:00 Uhr
Tradegate (Digitale Börse)	08:00 bis 22:00 Uhr
Lang und Schwarz (Digitale Börse)	07:30 bis 23:00 Uhr

Optimale Handelszeit

Wenn du möglichst preisbewusst Aktien oder ETFs „shoppen" möchtest, solltest du auf die Kernshoppingzeiten (siehe ◉ Abb. 2.2) achten.

---

[5] Lynx Broker (2024).

Grundsätzlich gilt: Je liquider der Markt, desto fairer der Preis, das heißt, je mehr Trubel auf dem Markt herrscht, desto fairer sind die Preise. Die besten Deals machst du dann, wenn viele Händlerinnen aktiv sind und das Handelsvolumen am höchsten ist. Um die Marktliquidität noch weiter zu steigern, lohnt es sich, auch die Öffnungszeiten anderer Börsen im Blick zu haben.

Natürlich gibt es auch die Möglichkeit, Aktien außerhalb der Börse, also außerbörslich, zu handeln. Das nennt man außerbörslichen Handel oder **OTC-Handel ("Over The Counter")**. Dabei kaufen und verkaufen die Parteien direkt miteinander, ohne den Weg über die Börse zu gehen – das ist ein bisschen wie der Handel auf einem Flohmarkt. Zwar bietet das mehr Flexibilität, bringt aber auch Nachteile mit sich, wie weniger Transparenz, höhere Kosten (Spreads) und eine geringere Anzahl an Käufer*innen und Verkäufer*innen, was es schwieriger machen kann, Aktien schnell zu handeln.

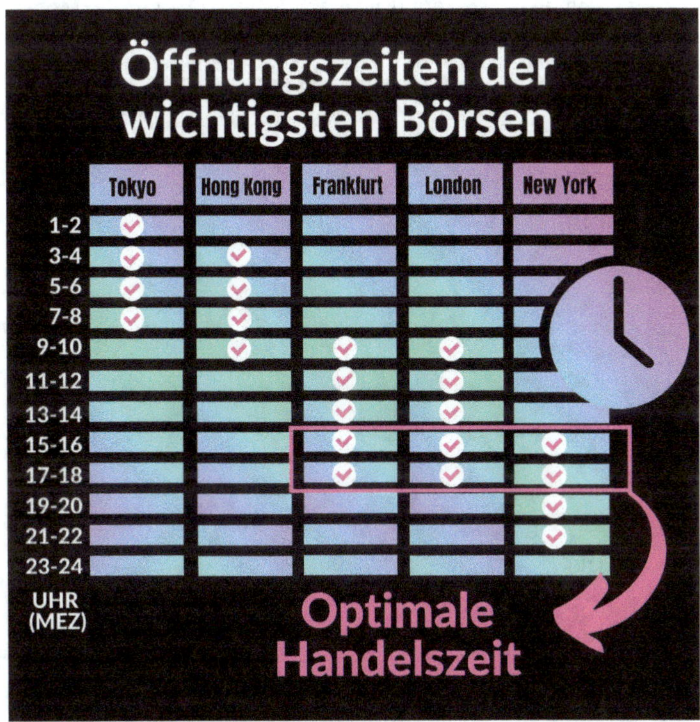

Abb. 2.2 Optimale Handelszeit

Beispiel

Wenn du US-Aktien über die deutsche Börse handelst, ist die Zeitspanne von 15:30 Uhr bis 17:30 Uhr ideal. Warum? Weil um 15:30 Uhr die US-Börsen öffnen und die deutsche Börse um 17:30 Uhr schließt. In diesen zwei Stunden ist der Handel mit US-Aktien am lebhaftesten – es ist, als würden alle Händler gleichzeitig ihre besten Angebote auf den Tisch legen. Je aktiver der Handel, desto niedriger die Spreads, also die Differenz zwischen Kauf- und Verkaufskurs. Und das bedeutet für dich: kleinere Preisspannen und oft fairere Preise!

Ein kleiner Tipp am Rande: Da sich der MSCI World Index aktuell zu rund 70 %[6] aus amerikanischen Aktien und zu rund 20 % aus europäischen Aktien[7] zusammensetzt, liegt die optimale Handelszeit für einen MSCI World Index ETF zwischen 15:30 Uhr und 17:30 Uhr. Jetzt fragst du dich vielleicht, wenn du den MSCI World noch nicht kennst, was das genau ist. Keine Sorge, darauf kommen wir später noch ausführlich zu sprechen. Im Moment ist es jedoch wichtig, zu verstehen, dass es spezifische Öffnungszeiten an den Börsen gibt und warum es so gut ist, sich daran zu halten.

---

[6] MSCI (2024).

[7] Europäische Aktien machen ca. 20 % des MSCI World Index aus, vorwiegend aus Großbritannien, Frankreich, Deutschland und der Schweiz.

2.2   Was ist ein Spread?

Bevor wir tiefer in die Welt der Börsen eintauchen, ist es wichtig, einen Begriff zu verstehen, der beim Handel immer wieder auftaucht: der „Spread". Auf Deutsch bedeutet das „Geld-Brief-Spanne" – was zwar nach Post klingt, aber in der Börsenwelt eine ganz andere Bedeutung hat.

Mit dem Begriff Spread oder **Geld-Brief-Spanne** (engl. Bid-Ask-Spread) bezeichnet man in der Börsensprache die **Differenz zwischen dem „Bid" (Kaufkurs) und dem „Ask" (Verkaufskurs).**

- **Bid** (von englisch „to bid", bieten) ist der Preis, den ein Käufer bereit ist, für eine Aktie zu zahlen.
- **Ask** (von englisch „to ask", verlangen) ist der Preis, den ein Verkäufer mindestens für die Aktie haben möchte.

Ein Blick auf das Schaubild in ◎ Abb. 2.3 hilft, den Spread und seine Bedeutung noch besser zu verstehen.

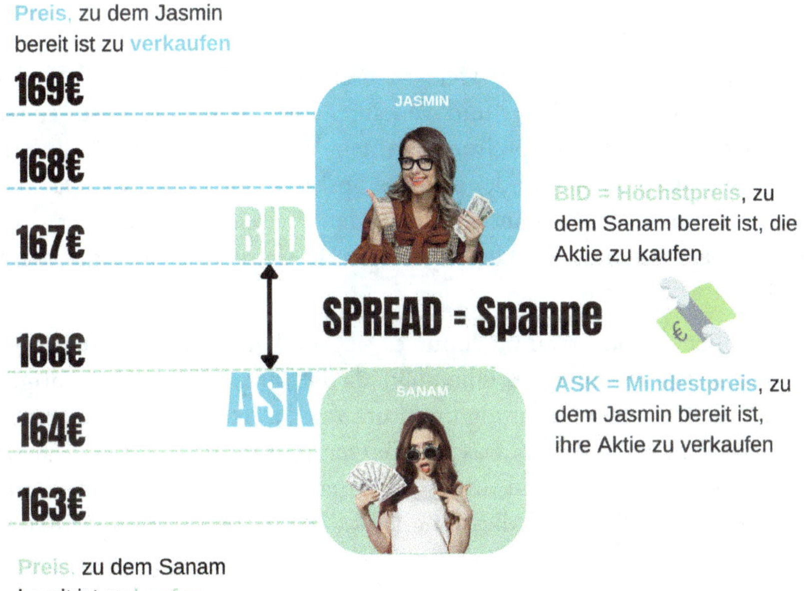

Abb. 2.3 Spread

Merke dir: Der Briefkurs (Ask) liegt immer höher als der Geldkurs (BID).

Das bedeutet, dass deine Depotbank Wertpapiere teurer verkauft, als sie sie zurückkaufen würde – ganz nach dem Motto: „Teuer verkaufen, billig einkaufen". So verdient die Bank zusätzlich zu den üblichen Handelsgebühren am sogenannten Spread – clever, oder? Lass mich das mit einem Beispiel veranschaulichen, das uns allen vertraut ist.

Beispiel: Wechselstuben

Du reist ins Ausland und möchtest in den Wechselstuben Geld wechseln. Du kaufst in der Regel die ausländische Währung meistens teurer ein als du sie verkaufen kannst, obwohl der Wechselkurs wertmäßig gleichgeblieben ist. Die Wechselstuben verdienen an der Spanne (Spread) zwischen An- und Verkaufskurs der Währungen. Das gilt auch für Depotbanken. Deshalb werden Spreads auch als Gebühren oder Spreadkosten bezeichnet.

Wenn der Bid-Ask-Spread groß ist, spricht man von einem illiquiden Markt. Aber was bedeutet „**illiquide**" eigentlich?

Liquidität beschreibt, wie viele Menschen gerade aktiv am Handel teilnehmen. Je mehr Käufer und Verkäufer unterwegs sind, desto enger liegen Kauf- und Verkaufspreise zusammen. Wenn nur wenige aktiv sind, ist der Markt weniger liquide, und die Spreads werden größer. Das bedeutet: Je größer der Abstand zwischen den Preisen, desto seltener wird das Wertpapier gehandelt. Umgekehrt gilt: Je kleiner der Abstand, desto beliebter ist die Aktie.

Wie oben schon erwähnt, lohnt es sich deshalb, während der sogenannten Kernhandelszeiten zu handeln, da die Spreads dann oft niedriger sind. Kurz nach Börsenöffnung und kurz vor der Schließung nimmt das Handelsvolumen häufig ab, was zu größeren Spreads und damit höheren Kosten führen kann. Wenn du also Wertpapiere zu fairen Preisen handeln möchtest, solltest du dies möglichst während der Hauptgeschäftszeiten tun.

Was du aus diesem Kapitel mitnehmen solltest:

Du weißt jetzt, was eine Börse ist – ein globales Shopping-Center für Wertpapiere wie Aktien und ETFs, in dem Käufer und Verkäufer aufeinandertreffen. Um an diesem Marktplatz teilzunehmen, benötigst du ein Depot bei einer Bank oder einem Broker – quasi deinen Einkaufswagen. Wir haben uns angeschaut, wann die Börsen weltweit geöffnet sind und warum der richtige Zeitpunkt beim Kauf und Verkauf von Wertpapieren entscheidend sein kann – denn gerade in den Kernhandelszeiten ist das Handelsvolumen am größten und die Preise sind meist am fairsten. Außerdem hast du den Begriff Spread kennengelernt – die oft unsichtbare Gebühr, die sich aus der Differenz zwischen Kauf- und Verkaufspreis ergibt. Diese Spreadkosten können je nach Handelszeit und Liquidität stark variieren und somit deine Rendite beeinflussen.

💡 **Die wichtigsten Learnings im Überblick:**

- Die Börse ist dein Marktplatz für Wertpapiere – offen werktags, weltweit.
- Handeln lohnt sich zu den Hauptzeiten – dann sind die Spreads oft geringer.
- Der Spread ist eine versteckte Gebühr – je kleiner, desto besser für dich.
- Mehr Marktaktivität = mehr Liquidität = bessere Preise.

NOTIZEN

Die wichtigsten Punkte für mich:

3. Was sind Aktien?

Zusammenfassung

In diesem Kapitel dreht sich alles um Aktien – eines der wichtigsten Finanzprodukte. Vielleicht hast du dich schon gefragt: Was genau ist eine Aktie? Warum gehen Unternehmen an die Börse? Wie entsteht ein Aktienkurs? Warum steigen manche Aktien rasant, während andere abstürzen? Und was hat es mit Dividenden auf sich? Ich werde diese und viele weitere Fragen verständlich beantworten. Du erfährst, wie Angebot und Nachfrage den Kurs beeinflussen, warum Unternehmen an die Börse gehen und wie du als Aktionärin von Kursgewinnen oder Dividenden profitieren kannst. Anhand von Beispielen wie Tesla oder LVMH sehen wir, wie Emotionen und Hypes den Markt bewegen.

Nun, da wir verstanden haben, was eine Börse ist, ist es umso wichtiger zu wissen, welche Finanzprodukte dort gehandelt werden. Neben Aktien werden beispielsweise auch Anleihen, ETFs, Währungen, Rohstoffe usw. an der Börse gehandelt. In diesem Buch werde ich mich jedoch zunächst auf die wichtigsten Wertpapiere konzentrieren: Aktien, Fonds und Anleihen. Damit bist du als Anfängerin bestens gerüstet, um die Grundlagen zu verstehen und erfolgreich mit dem Investieren zu beginnen.

© Der/die Autor(en), exklusiv lizenziert an
Springer Fachmedien Wiesbaden GmbH, ein Teil von Springer Nature 2025
M. Ghiasi, *Finance for Divas*, https://doi.org/10.1007/978-3-658-48643-3_3

In diesem Kapitel werde ich versuchen, deine wichtigsten Fragen zum Thema Aktien zu beantworten. Obwohl es oft komplex klingt, ist es in Wahrheit einfacher, als du vielleicht denkst. Sobald du die wichtigsten Grundlagen verstanden hast, wird der Rest fast von selbst folgen. Die wichtigste Voraussetzung hierfür ist, dass du ein echtes Interesse an diesem Thema hast und bereit bist, dazuzulernen.

Vielleicht kennst du auch jemanden in deinem persönlichen Umfeld, der Aktien besitzt. Früher dachte ich immer: „Wow, was für Supergenies", wenn ich auf Menschen traf, die sich mit dem Thema Börse auskannten, Aktien besaßen und auf dem Handy Aktienkurse checkten. Ich wollte das auch können. Naja, das war damals – heute denke ich, das ist kein Hexenwerk. Das kann jeder – auch du! Alles, was es braucht, ist eine Prise Neugier, eine Portion Geduld und vielleicht starke Nerven – denn die Börse kann manchmal wilder sein als eine Achterbahnfahrt.

Doch was genau ist eine Aktie? Lass mich das so einfach wie möglich erklären. Eine Aktie ist im Grunde genommen ein Anteilsschein, der den Anteil an einem Unternehmen repräsentiert. Man könnte sagen, es ist wie ein wertvolles Stück Papier, das dir Rechte an einem Teil des Unternehmens einräumt. Deshalb spricht man auch von einem Wertpapier.

> **Beispiel**
>
> Stell dir vor, das Unternehmen ist eine Tafel Schokolade (siehe ◉ Abb. 3.1). Wenn du eine Aktie kaufst, erwirbst du damit ein Stück dieser **Schokolade**. Dieses Stück repräsentiert deinen Anteil am gesamten Unternehmen. Wenn das Unternehmen wächst und an Wert gewinnt, steigt auch der Wert deines Schokoladenstücks – und damit deine Aktie. Solltest du irgendwann alle Stücke dieser Schokolade besitzen, dann gehört dir die ganze Tafel, was bedeutet, dass du das gesamte Unternehmen kontrollierst.

Durch den Besitz von Aktien hast du nicht nur einen finanziellen Anteil am Unternehmen, sondern in vielen Fällen auch Mitspracherechte, zum Beispiel in Form von Stimmrechten bei der Hauptversammlung. In diesem Sinne sind Aktien eine Möglichkeit, sich am Erfolg eines Unternehmens zu beteiligen und von dessen Wachstum zu profitieren.

Abb. 3.1 Was sind Aktien?

Wenn du zum Beispiel eine Aktie von Apple oder Meta kaufst, besitzt du einen kleinen Teil dieses Unternehmens und bist damit eine „Aktionärin". Je mehr Aktien du von einem Unternehmen hast, desto größer ist dein Anteil – oder, um es einfach zu sagen, desto mehr Stücke der „Schokolade" gehören dir – und desto größer ist unter Umständen dein Mitspracherecht.

Aktien kann man kaufen und auch wieder verkaufen. Der Handel mit Aktien erfolgt in der Regel an der Börse (im Shopping-Center), wie in ▶ Kap. 2 bereits erläutert. Heute läuft dieser Handel meist digital ab – deine Aktien werden als elektronische Wertpapiere in deinem Depot (deinem Einkaufswagen) verwaltet, nicht mehr als Papierdokumente bei der Bank.

3.1   Warum gehen Unternehmen an die Börse?

Die Antwort ist offensichtlich: Das Geld der Anleger lockt die Unternehmen. Durch den Gang an die Börse kann sich ein Unternehmen in relativ kurzer Zeit Geld beschaffen. Insbesondere schnell wachsende Unternehmen benötigen häufig größere Geldsummen, um ihr Wachstum zu finanzieren. Mit dem Kapital, das durch den Verkauf von Aktien beschafft wird, kann das Unternehmen beispielsweise in neue Projekte oder in die Expansion des Unternehmens investieren. Andere Gründe sind etwa, dass der Firmenname bekannter und das Unternehmen für neue Beschäftigte und Führungskräfte attraktiver wird. Das steigert im Vergleich zur Konkurrenz auch die Wettbewerbsfähigkeit des Unternehmens. Doch ein Börsengang hat noch weitere Vorteile. Er macht das Unternehmen bekannter, stärkt das Vertrauen von Kunden und Partnern und kann es für qualifizierte Fachkräfte attraktiver machen. Zudem verbessert eine Börsennotierung oft die Wettbewerbsfähigkeit im Vergleich zur Konkurrenz.

IPO – Der Weg an die Börse
Der Börsengang wird auch **Initial Public Offering (IPO)** genannt. Dabei werden erstmals Unternehmensanteile an der Börse öffentlich zum Kauf angeboten. Der Prozess umfasst mehrere Schritte, darunter die Festlegung des Aktienpreises, die Einreichung von Finanzdokumenten und die Zusammenarbeit mit Investmentbanken.

IPO bringt jedoch auch Herausforderungen mit sich: strenge Regulierungen, hohe Kosten und eine stärkere öffentliche Kontrolle. Das Unternehmen muss regelmäßig Finanzberichte veröffentlichen und sich den Erwartungen der Aktionäre stellen. Ein Börsengang ist daher eine strategische Entscheidung, die sorgfältig durchdacht werden muss.

3.2   Wie entsteht der Aktienkurs?

Was wir bereits verstanden haben: Unternehmen geben Aktien aus, um Kapital aufzunehmen, und du als Investorin kannst diese Aktien an der Börse kaufen oder verkaufen. **Der Preis einer Aktie, also der Aktienkurs,**

IPO?
BÖRSENGANG

IPO steht für „Initial Public Offering",
was so viel heißt wie, es werden
ERSTMALIG Aktien eines Unternehmens
öffentlich zum KAUF angeboten.

kann sich jedoch ändern – je nachdem, wie gut das Unternehmen wirtschaftlich dasteht oder wie stark die Menschen an den Erfolg des Unternehmens glauben und daher bereit sind, seine Aktien zu kaufen.

Als Anlegerin kannst du jederzeit Aktien kaufen und verkaufen. Der Handel mit Aktien folgt bestimmten Regeln, die für alle Marktteilnehmer gleich sind. Die Preise an der Börse können sich sekündlich ändern, da sie ständig von Angebot und Nachfrage beeinflusst werden – ähnlich wie im normalen Handel, den du vielleicht aus dem Alltag kennst. Sinkt die Nachfrage nach einem Produkt, fällt auch der Preis. Wenn etwas aus der Mode kommt oder weniger gefragt ist, wird es günstiger. Beispielsweise schwanken die Preise für Mode und Kleidung je nach Saison – mal günstiger, mal teurer. Auch Gartenmöbel und Reisen haben ihre Saison, was die Preise steigen oder fallen lässt. So ist es auch bei Aktien. Der Aktienkurs, also der Preis einer Aktie, wird ebenfalls durch Angebot und Nachfrage bestimmt. Wenn ein Unternehmen hohe Gewinne erzielt und diese Gewinne auch in Zukunft stabil bleiben, werden viele Anleger die Aktien dieses Unternehmens kaufen. Das lässt den Preis steigen.

Lass mich das an einem Beispiel veranschaulichen.

Beispiel

Schauen wir uns den Luxusgüterkonzern LVMH an. In den letzten Jahren ist der Kurs der LVMH-Aktie stetig gestiegen. Warum? Weil die Nachfrage nach Luxusgütern in den letzten Jahren immer weiter gestiegen ist.[8] Und wer profitiert davon? Natürlich die Luxusbranche. Dadurch steigerte LVMH seinen Umsatz und seinen Gewinn. Und du als Aktionärin möchtest ein Stück vom Kuchen abhaben und kaufst deshalb die Aktie. Du bist aber nicht die Einzige, die vom Kuchen etwas abhaben will, viele andere wollen das auch. Dadurch wird das Angebot knapper und der Preis der Aktie steigt.

Befindet sich das Unternehmen dagegen auf einer wirtschaftlichen Talfahrt, sprich: verschwinden die Schlangen bei den Louis Vuitton-Läden und keiner möchte mehr ihre Taschen kaufen, wird das Unternehmen für Aktionärinnen und Aktionäre uninteressant und sie kaufen die Aktie nicht weiter ein. Vielmehr werden zahlreiche Aktionärinnen und Aktionäre ihre Aktien verkaufen, wodurch der Aktienkurs sinkt.

---

[8] Forbes (2024).

So lässt sich – zumindest meistens – die Entwicklung des Aktienkurses erklären. Aber nicht alle Marktteilnehmer handeln rational, selbst erfahrene Börsenteilnehmer sind sich manchmal nicht ganz sicher, wie ein Aktienkurs tatsächlich zustande kommt.

Ein gutes Beispiel dafür ist die Tesla-Aktie: Obwohl das Unternehmen jahrelang Verluste gemacht hat, stieg der Aktienkurs trotzdem immer weiter.[9] Warum? Weil die Anleger große Hoffnungen in Elon Musk und das Potenzial des Unternehmens setzten. Diese Euphorie kann sogar zu sogenannten Blasen führen, wie es während der Dotcom-Blase der späten 1990er Jahre geschah. Viele Internet- und Technologieunternehmen verzeichneten damals extreme Kursanstiege, obwohl sie kaum Gewinne erzielten. Als schließlich klar wurde, dass viele dieser Unternehmen nicht nachhaltig arbeiten konnten, platzte die Blase und die Kurse brachen ein.

Der Markt reguliert sich selbst, und die Aktienkurse passen sich wieder an den realen Wert des Unternehmens an. Aber man kann nie genau vorhersagen, wie sich ein Aktienkurs entwickelt. Daher ist es wichtig, fundiertes Wissen über das Unternehmen zu haben, in das man inves-

---

[9] Vance, A. (2015).

"Investiere niemals in ein Unternehmen, dessen Geschäft du nicht verstehst."

- Warren Buffett -

tiert, und sich ein bisschen auf sein Bauchgefühl zu verlassen. Und am besten ist es, wie Kult-Investor Warren Buffett immer sagt: Investiere in Unternehmen, die du wirklich verstehst![10]

3.3   Was sind Dividenden?

Halten wir schon mal fest: Wenn du Aktien besitzt, bist du an einem Unternehmen beteiligt und kannst von dessen potenzieller Wertsteigerung profitieren. Wenn ein Unternehmen erfolgreich ist und wächst, kann der Wert seiner Aktien steigen, was dir als Aktionärin einen Gewinn einbringt, wenn du die Aktien später wieder verkaufst. Aber das ist noch nicht alles – zusätzlich kannst du als Anlegerin auch Dividenden erhalten. Doch was genau sind Dividenden?

Abb. 3.2   Dividende

---

[10] Warren Buffett.

Die Dividende ist wie ein Stück Torte, wie in ⊙ Abb. 3.2 veranschaulicht, das vom Gewinn eines Unternehmens abgeschnitten und an die Aktionärinnen verteilt wird. Je größer die Torte (= Gewinn), desto größer das Stück, das jede Aktionärin bekommt. Einige Unternehmen zahlen regelmäßig hohe Dividenden aus, während andere ihre Gewinne lieber reinvestieren. Investoren profitieren so von regelmäßigen Dividendenausschüttungen.

Für Anlegerinnen sind diese Dividendenausschüttungen eine Möglichkeit, regelmäßig Geld zu verdienen – quasi wie ein passives Einkommen. Davon hast du bestimmt schon mal gehört. Wenn du also nach regelmäßigem passivem Einkommen suchst, solltest du Unternehmen im Auge behalten, die dafür bekannt sind, hohe Dividenden zu zahlen. Diese Großkonzerne zeichnen sich oft durch ein stabiles Geschäftsmodell, vorhersehbare Gewinne und einen zuverlässigen Cashflow aus, was es ihnen ermöglicht, regelmäßig einen größeren Teil ihrer Gewinne an ihre Anleger auszuschütten.

Natürlich solltest du, wenn du in dividendenstarke Unternehmen investierst, immer deine Anlagestrategie und deine Ziele im Auge behalten. Es ist wichtig, gründlich zu recherchieren und dein Portfolio diversifiziert zu halten, um das Risiko zu streuen und die Chancen auf Wachstum zu maximieren.

Dividendenrendite – Was bedeutet das?

Nun zur Dividendenrendite: Die Dividendenrendite ist ein Maß dafür, wie viel Dividende du im Verhältnis zum aktuellen Aktienkurs erhältst. Sie wird in Prozent angegeben und zeigt, wie viel Rendite du auf deine Investition in Form von Dividenden erwarten kannst (siehe ⊙ Abb. 3.3).

> **Beispiel**
>
> Stell dir das so vor: Wenn der Aktienkurs eines Unternehmens bei 100 Euro liegt und das Unternehmen eine Dividende von 5 Euro pro Aktie zahlt, beträgt die Dividendenrendite 5 %. Das bedeutet, dass du jährlich 5 % deiner Investition als Dividende zurückerhältst – vorausgesetzt, das Unternehmen zahlt die gleiche Dividende auch im nächsten Jahr.

Dividendenrendite

Viele Unternehmen geben einen Teil ihres Gewinns direkt an ihre Aktionärinnen weiter. Diese Zahlung nennt sich **Dividende**.

Abb. 3.3 Dividendenrendite

Eine hohe Dividendenrendite kann attraktiv sein, da sie ein Zeichen dafür ist, dass das Unternehmen einen großen Teil seines Gewinns an die Aktionärinnen ausschüttet. Allerdings ist es wichtig, nicht nur auf die Höhe der Dividendenrendite zu achten. Eine extrem hohe Dividendenrendite kann auch ein Warnsignal sein, dass der Aktienkurs gefallen ist, weil das Unternehmen Schwierigkeiten hat.[11] Deshalb solltest du immer das gesamte Bild betrachten und die finanzielle Gesundheit des Unternehmens prüfen. Ein Blick auf die Tabelle mit den DAX-Unternehmen

---

[11] Hübner G (2024).

und ihre Dividendenrendite über die letzten Jahre (siehe ◉ Tab. 3.1) hilft dir, Trends zu erkennen und zwischen stabilen Dividendenzahlern und möglichen Risikofällen zu unterscheiden.

Tab. 3.1 DAX-Unternehmen mit der höchsten Dividendenrendite

Unternehmen	2024 Div-Rendite	2023 Div-Rendite	2022 Div-Rendite
Mercedes-Benz Group	8,5 %	8,3 %	8,2 %
Volkswagen Vz	8,1 %	7,8 %	22,9 %
BASF	7,0 %	7,0 %	7,3 %
BMW St	6,0 %	8,4 %	7,0 %
Allianz	5,7 %	4,7 %	5,4 %
Daimler Truck	5,6 %	3,8 %	–
Porsche Vz	5,5 %	5,5 %	5,0 %
E.ON	4,4 %	4,2 %	5,3 %
Deutsche Post DHL	4,1 %	4,1 %	5,1 %
Münchener Rück	4,0 %	3,1 %	3,6 %
Quelle: boerse.de/ Dividenden Dax-Aktien			

Gut zu wissen: Am Tag der Dividendenzahlung sinkt der Aktienkurs in der Regel um einen Betrag, der der Höhe der Dividende entspricht. Dieser Kursrückgang wird als „Dividendenabschlag" bezeichnet. Das bedeutet, dass das Unternehmen zwar einen Teil seines Gewinns an dich auszahlt, der Gesamtwert des Unternehmens (und damit auch der Aktienkurs) dadurch aber ein kleines Stückchen schrumpft.

Aber keine Sorge, das gehört dazu! Dividenden sind trotzdem eine großartige Möglichkeit, sich regelmäßig ein bisschen Extra-Cash zu sichern, während deine Aktien langfristig an Wert gewinnen.

Was du aus diesem Kapitel mitnehmen solltest:

Du weißt jetzt, was Aktien sind und warum sie eine der spannendsten Anlageformen an der Börse darstellen. Eine Aktie ist nichts anderes als ein Anteil an einem Unternehmen – mit der Chance, von dessen Wachstum zu profitieren, sei es durch Kursgewinne oder regelmäßige Dividenden.

💡 **Die wichtigsten Learnings im Überblick:**

- Aktien machen dich zur Miteigentümerin eines Unternehmens – je mehr Anteile, desto größer dein Anteil am Unternehmenserfolg.
- Der Aktienkurs wird durch Angebot und Nachfrage bestimmt – steigt die Nachfrage, steigt der Kurs. Fällt sie, sinkt der Kurs.
- Unternehmen gehen an die Börse, um Kapital für Wachstum, Innovation und Sichtbarkeit zu gewinnen. Dieser Schritt bringt Vorteile, aber auch neue Pflichten mit sich.
- Der Börsengang (IPO) ist der Moment, in dem ein Unternehmen erstmals Aktien an der Börse öffentlich anbietet – ein wichtiger Meilenstein.
- Dividenden sind regelmäßige Gewinnausschüttungen an Aktionäre – quasi ein Bonus für deine Beteiligung. Sie können als passives Einkommen dienen.
- Die Dividendenrendite zeigt, wie attraktiv eine Aktie im Verhältnis zum Kurs ist. Doch Vorsicht: Eine hohe Rendite ist nicht automatisch ein Qualitätsmerkmal.
- Aktien bringen Chancen, aber auch Risiken. Deshalb ist Wissen der Schlüssel – je besser du das Unternehmen und den Markt verstehst, desto fundierter deine Entscheidungen.

NOTIZEN

Die wichtigsten Punkte für mich:

4. Was ist ein Fonds?

Zusammenfassung

In diesem Kapitel dreht sich alles um ETFs – die modernen, unkomplizierten „Blumensträuße" der Investmentwelt. Du erfährst, was ein Fonds ist, wie er funktioniert und was ETFs von klassischen, aktiv gemanagten Fonds unterscheidet. Mit bildhaften Erklärungen wird der Unterschied zwischen aktivem und passivem Fondsmanagement leicht verständlich. Außerdem lernst du, wie ETFs funktionieren, worauf du bei der Auswahl achten solltest – von Kosten über Replikation bis zur Ausschüttungsart – und was es mit Begriffen wie DAX, MSCI World oder dem Zinseszinseffekt auf sich hat. Thesaurierend oder ausschüttend? Auch das kläre ich – inklusive Steueraspekten. Freu dich auf praktische Tipps, klare Vergleiche und anschauliche Beispiele, damit du dich sicher in der Welt der ETFs bewegen und souverän investieren kannst. Bereit für dein erstes ETF-Investment? Dann ist dieses Kapitel dein perfekter Einstieg!

ETFs (Exchange Traded Funds) – ein Begriff, den du sicher schon gehört hast. Viele sprechen darüber, als wäre es das neue Trendgetränk. Doch was genau steckt dahinter? In diesem Kapitel klären wir die Grundlagen: Zuerst lernst du, was ein Fonds ist und wie er funktioniert – denn erst wenn du das verstehst, kannst du auch begreifen, was ein ETF ist. Außerdem lohnt es sich auch, den Unterschied zwischen aktiv und passiv gemanagten Fonds zu verstehen. Das sind Begriffe, auf die du immer wieder stoßen wirst, sobald du beginnst, dich mit dem Investieren zu beschäftigen.

Ein Fonds ist im Grunde genommen ein **Geldtopf**, in den viele Anlegerinnen gemeinsam einzahlen. Dieses gesammelte Geld wird von einem professionellen Fondsmanager genutzt, um es in verschiedene Vermögenswerte wie Aktien, Anleihen oder Immobilien zu investieren. Der große Vorteil eines Fonds liegt in der Risikostreuung: Dein Geld wird auf viele verschiedene Wertpapiere verteilt, was das Risiko verringert, größere Verluste zu erleiden. Dafür erhältst du als Anlegerin Anteile am Fonds. Diese Anteile geben an, welchen Teil des Fondsvermögens jeder besitzt.

Aber es geht auch einfacher. Ein bekanntes Sprichwort besagt, dass ein Bild oft mehr sagt als tausend Worte: YES, das sehe ich genauso. Lass mich das bildlich erklären. Stell dir vor, du betrittst einen Blumenladen. Dieser Blumenladen ist ein **Vermögensverwalter**[12], der das Geld der Anlegerinnen sammelt und es in verschiedene „Blumen" – also Anlagen wie Aktien, Anleihen und Immobilien – investiert. Eine einzelne Blume ist wie eine Aktie, quasi eine einzelne Investition in ein Unternehmen. Wenn du nur eine Blume kaufst, setzt du alles auf diese eine Blume. Du hoffst, dass sie lange blüht, aber wenn sie verwelkt, hast du Pech. Ein Fonds hingegen ist wie ein Blumenstrauß – wie in der Abbildung zu sehen ist. Anstatt nur eine Blume zu kaufen, erhältst du eine Sammlung von verschiedenen Blumen. Jede dieser Blume steht für eine Aktie, Anleihe oder eine andere Anlage. Sollte eine Blume verwelken, ist das nicht so schlimm, denn du hast noch viele andere Blumen. Das verringert das Risiko, große Verluste zu machen.

Und deine Fondsanteile? Stell dir vor, du und deine Freundin kaufen gemeinsam diesen Blumenstrauß. Je nachdem, wie viel Geld jede von euch beigesteuert hat, gehört dir ein entsprechender Teil des Straußes – dies sind deine „Anteile". Wer mehr investiert hat, hält mehr Blumen in der Hand – und profitiert entsprechend stärker vom Duft und der Schönheit des Straußes, also vom Erfolg des Fonds.

---

[12] Ein **Vermögensverwalter** ist eine Person oder ein Unternehmen, das sich darum kümmert, das Geld oder die Wertanlagen (wie Aktien, Immobilien oder Fonds) von Kunden sinnvoll zu verwalten.

Aktie
VS
Fonds

Fonds ist nicht gleich Fonds – genau wie es im Blumenladen ganz unterschiedliche Sträuße gibt, unterscheiden sich auch Fonds je nach Zusammensetzung und Ziel. Damit du ein besseres Gefühl dafür bekommst, schauen wir uns einmal die wichtigsten **Arten von Fonds** an – sozusagen die beliebtesten **Strauß-Varianten:**

- **Aktienfonds:** Der Blumenstrauß besteht hauptsächlich aus Aktien, also aus Anteilen von Unternehmen.
- **Rentenfonds:** Hier setzt du auf Anleihen, also auf „Kredite", die Unternehmen oder Regierungen aufnehmen. In unserem Blumenladen wären das vielleicht robustere Pflanzen, die langsamer wachsen, aber stabil sind.
- **Mischfonds:** Eine Kombination aus beidem, also Aktien und Anleihen – eine ausgewogene Mischung aus verschiedenen Blumen.

4.1   Aktiv vs. passiv gemanagte Fonds

Diese unterschiedlichen Fondsarten können wiederum unterschiedlich verwaltet werden. Dabei stellt sich die Frage: Wer entscheidet eigentlich, welche einzelnen Anlagen – also „Blumen" – im Fonds enthalten sind? Genau hier kommt die Unterscheidung zwischen aktiv und passiv gemanagten Fonds ins Spiel.

Aktiv gemanagte Fonds sind wie ein individuell gebundener Strauß, den ein Florist (der Fondsmanager) nach deinem Geschmack und je nach Saison immer wieder anpasst. Der Fondsmanager entscheidet aktiv, welche „Blumen" – also Aktien oder Anleihen – in den Strauß kommen und welche ausgetauscht werden sollen, um möglichst hohe Gewinne zu erzielen. Diese aktive Anpassung ist aufwendig und daher auch teurer, weil der Florist (Fondsmanager) dafür bezahlt wird, ständig die besten Entscheidungen für deinen Strauß (Fonds) zu treffen. In Bezug auf Fonds bedeutet dies, dass ein Fondsmanager aktiv Entscheidungen trifft, welche Wertpapiere gekauft und verkauft werden, um die bestmögliche Rendite zu erzielen. Diese Art von Fonds erfordert viel Fachwissen und Aufwand, was sich in höheren Gebühren widerspiegelt, denn der Fondsmanager wird dafür bezahlt, dass er versucht, den **Markt zu schlagen.**

Zusätzlich zu den regulären Verwaltungsgebühren fallen bei aktiv gemanagten Fonds oft noch weitere Gebühren an. Dazu gehören beispielsweise **Ausgabeaufschläge**, die beim Kauf von Fondsanteilen anfallen, **Rücknahmegebühren**, die bei der Rückgabe von Anteilen erhoben werden können, sowie **Performancegebühren**, die fällig werden, wenn der Fonds eine bestimmte Rendite überschreitet. Diese zusätzlichen Kosten summieren sich und können die Gesamtrendite des Fonds beeinflussen.

Passiv gemanagte Fonds hingegen sind wie ein fertiger Blumenstrauß, der nicht verändert wird. Ein solcher Strauß folgt einem festgelegten Muster, wie etwa einem Marktindex (z. B. DAX oder S&P 500). Hier greift niemand aktiv ein, sondern der Strauß bleibt so, wie er ist. Die Kosten sind daher geringer, weil kein Florist ständig Änderungen vornimmt. Das Ziel ist es, den Marktindex so genau wie möglich **nachzubilden**, ohne zu versuchen, ihn zu übertreffen. So, und jetzt kommen wir zu den ETFs, die genau nach diesem Prinzip funktionieren – also quasi die fertig gebundene Blumenstrauß-Variante unter den Fonds!

4.2 Was sind ETFs?

Definition: Ein **ETF (engl. Exchange Traded Fund)** ist ein börsengehandelter Indexfond, das einen bestimmten Index, z. B. den DAX oder MSCI World, passiv nachbildet.[13]

Hää? Das dachte ich mir auch beim ersten Mal, als ich angefangen habe mich mit ETFs zu beschäftigen. Und heute? Tada! Bin ich eine zertifizierte ETF-Spezialistin. Verrückt, oder? Zeigt nur, was alles möglich ist, wenn man sich ein bisschen mit dem Thema beschäftigt und Interesse entwickelt. Aber keine Sorge, ich halte es jetzt einfach, schließlich haben wir ja unseren schönen „Blumenstrauß" als Beispiel. Warum sollten wir es unnötig kompliziert machen, wenn es auch einfach geht?

Also, ein ETF ist wie ein fertig gebundener Blumenstrauß, der an der Börse gehandelt wird. Der Name sagt eigentlich schon alles: **Exchange Traded** bedeutet, dass dieser Fonds wie eine einzelne Aktie an der Börse

---

[13] Investopedia (2025).

gekauft und verkauft werden kann. **Indexfonds** heißt, dass der ETF einen bestimmten Index nachbildet, wie den DAX oder den MSCI World. Was das genau bedeutet, dazu komme ich gleich. Und „**passiv**" bedeutet, dass der Strauß nicht ständig vom Floristen (also dem Fondsmanager) neu zusammengestellt wird, sondern immer dem vorgegebenen Muster des Index folgt.

Stell dir also einen ETF als fertigen Blumenstrauß vor, der einen ganzen Markt abbildet. Wenn du einen ETF kaufst, investierst du nicht nur in eine einzige Blume (eine Aktie), sondern in eine ganze Sammlung von Blumen – also Aktien von Unternehmen wie Apple, Amazon, Microsoft und vielen anderen. So streust du dein Risiko: Sollte eine „Blume" im Strauß verwelken (also eine Aktie an Wert verlieren), hast du immer noch viele andere Blumen, die noch einen wunderschönen Blumenstrauß darstellen.

Der große Vorteil von passiv gemanagten ETFs im Vergleich zu herkömmlichen, aktiv gemanagten Fonds ist, dass sie **günstiger** sind. Warum? Weil bestimmte Kosten, die bei aktiv gemanagten Fonds anfallen, zum Beispiel die Bezahlung des Fondsmanagers, der das Portfolio kontinuierlich anpasst, bei ETFs wegfallen. Bei ETFs gibt es also keinen Manager, der das Portfolio ständig umschichtet. Stattdessen bleibt die Zusammenstellung unverändert und bildet lediglich den Markt ab. Dadurch profitierst du als Anlegerin von niedrigeren Kosten und Gebühren. Mit anderen Worten, es gibt keinen Floristen, der sich ständig um den Strauß kümmern muss. Stattdessen bleibt der Strauß so, wie er ist.

Aber Moment – es gibt auch **sogenannte aktive ETFs.** Ja, richtig gelesen: Das klingt erstmal widersprüchlich, ist aber ein spannender Mix aus beidem. Aktive ETFs werden zwar ebenfalls an der Börse gehandelt wie ihre passiven Geschwister, aber sie haben einen „Floristen" – also ein Fondsmanagement –, der aktiv entscheidet, welche Blumen in den Strauß kommen. Du bist damit flexibler und kannst schneller auf Veränderungen im Markt reagieren. Das klingt erstmal gut, ist aber auch mit höheren Kosten verbunden, weil hier wieder jemand bezahlt werden muss, der ständig umschichtet. **Für Einsteigerinnen empfehle ich deshalb meist die passiven ETFs** – sie sind günstiger, einfacher verständlich und in vielen Fällen genauso erfolgreich. Und das Beste: Studien haben gezeigt, dass viele passive ETFs auf lange Sicht sogar besser performen als aktiv gemanagte Fonds.[14] Warum? Weil die höheren Kosten und das ständige Hin und Her bei aktiven Strategien oft nicht die erhofften Vorteile bringen – und der Markt sich schwer dauerhaft schlagen lässt.

Exkurs: DAX & MSCI

Okay, jetzt haben wir über Blumensträuße und Aktien gesprochen, aber was ist eigentlich dieser ominöse „DAX", von dem alle reden? Lass uns mal kurz darauf eingehen – schließlich ist der DAX so etwas wie der Superstar auf dem Börsen-Parkett in Deutschland. Der DAX (Deutscher Aktienindex) ist quasi die Crème de la Crème der deutschen Wirtschaft, bestehend aus den 40 größten und umsatzstärksten Unternehmen Deutschlands.

Und was macht ein ETF in diesem Zusammenhang? Er versucht einfach, die Performance dieses Stars möglichst genau nachzubilden. Sagen wir, du möchtest in die 40 größten und umsatzstärksten deutschen Unternehmen investieren. Entweder kaufst du dir die Aktien dieser 40 Unternehmen einzeln, oder du investierst dein Geld in einen DAX-ETF. Wenn der DAX tanzt und um 10 % steigt, sollte der DAX-ETF idealerweise im gleichen Takt mitgehen – und dein investiertes Kapital ebenfalls.[15]

Aber der DAX ist nicht der einzige Star an der Börse. Da gibt es auch den MSCI World, der ebenfalls häufig erwähnt wird. Der MSCI World ist ein globaler Aktienindex, der rund 1.465 Unternehmen aus 23 Industrieländern umfasst. Das bedeutet, du investierst nicht nur in deutsche Unternehmen, sondern in eine breite Auswahl der größten Unternehmen weltweit. Mit einem MSCI World-ETF kannst du dein Risiko noch weiter streuen, da du damit nicht nur auf eine bestimmte Region setzt. Wenn du also global in die Wirtschaft investieren möchtest, ist ein MSCI World-ETF eine bequeme Möglichkeit, auf viele Märkte gleichzeitig zu setzen.[16]

So, nun kommen wir wieder zurück zu den ETFs. ETFs werden, wie oben schon erwähnt, direkt an der Börse gehandelt. Das bedeutet, du kannst sie jederzeit während der Börsenzeiten kaufen und verkaufen. Im Gegensatz dazu werden aktiv gemanagte Fonds in der Regel über Anbieter oder Drittanbieter, wie Banken, erworben. Diese Fonds können oft nur einmal am Tag gehandelt werden. ETFs bieten dadurch eine flexible Handelsmöglichkeit, die bei traditionellen Fonds so weniger vorhanden ist. Mit einem ETF hast du also die Flexibilität eines Aktieninvestors, aber die Streuung und Sicherheit eines Fonds.

---

[14] Morningstar-Studie (2023) & EFAMA-Studie (2024).

[15] justETF (2025) – DAX Index.

[16] justETF (2025) – MSCI World Factsheet (Stand: 30.04.2024).

Das ist besonders praktisch, wenn du gerade erst in die Finanzwelt einsteigst. Denn mit einem ETF verteilst du dein Geld auf viele verschiedene Unternehmen, anstatt alles auf eine einzige Aktie zu setzen. So kannst du dein Risiko minimieren, ohne dir ständig den Kopf darüber zerbrechen zu müssen, welche Einzelaktie gerade der nächste Überflieger sein könnte.

Und das Beste daran? Es gibt auch hier **verschiedene „Blumensträuße"** (◉ Tab. 4.1) für jeden Geschmack. Je nach Strategie und Vorlieben kannst du den Strauß wählen, der am besten zu dir passt.

Tab. 4.1 Arten von ETFs im Überblick

Aktien-ETFs	Diese bilden einen Aktienindex wie z. B. den DAX nach.
Sektor-ETFs	Diese konzentrieren sich auf bestimmte Sektoren wie Technologie, Gesundheitswesen oder Energie.
Länder-ETFs	Diese konzentrieren sich auf spezifische Länder oder Regionen wie z. B. Asien oder Europa.
Rohstoff-ETFs	Diese bilden Rohstoffindizes nach, wie z. B. Gold oder Öl.
Dividenden-ETFs	Diese legen den Schwerpunkt auf Unternehmen, die eine hohe Dividende zahlen.
Nachhaltigkeits-ETFs	Diese investieren in Unternehmen, die bestimmte Nachhaltigkeitskriterien erfüllen.
	Quelle: justETF

Zusammenfassung: ETFs vs. klassische Fonds

ETFs bilden die Performance eines Index passiv nach und sind daher in der Regel kostengünstiger. Sie werden direkt an der Börse gehandelt, was einen flexiblen Kauf und Verkauf ermöglicht. Das Ziel eines ETFs ist es, einen Referenzindex möglichst genau abzubilden. Aktiv gemanagte Fonds hingegen, umgangssprachlich oft einfach nur als „Fonds" bezeichnet, werden von einem Fondsmanager verwaltet, der versucht, die Marktrendite zu übertreffen. Dies führt zu höheren Kosten. Der Kauf erfolgt meist über Anbieter oder Banken, und sie werden in der Regel nur einmal täglich gehandelt. Das Hauptziel eines aktiv gemanagten Fonds ist es, den Referenzindex zu schlagen. Einen kompakten Überblick über die wichtigsten Unterschiede zwischen ETFs und aktiv gemanagten Fonds findest du in der Tabellenübersicht (siehe ◉ Tab. 4.2).

Tab. 4.2 Zusammenfassung: ETFs vs. Fonds

ETF		FOND
Bildet die Performance eines Index **passiv** nach	**STRATEGIE**	**Aktiv** von einem Fondsmanager verwaltet
Günstig	**KOSTEN**	Teuer
Über die **Börse**	**KAUF**	Über den **Anbieter**
Referenzindex **nachbilden**	**ZIEL**	Referenzindex **schlagen**

4.3 Diese Aktienindizes solltest du kennen

Jetzt, da wir verstanden haben, was ein ETF ist, wird es Zeit, sich genau anzuschauen, was diese ETFs eigentlich nachbilden. Hier kommt der Aktienindex ins Spiel, quasi das Barometer der Börse. Ein Aktienindex dient als Indikator für den Aktienmarkt, indem er die Entwicklung einer ausgewählten Gruppe von Aktien zusammenfasst. Er bietet eine Übersicht darüber, wie sich der Markt insgesamt oder ein bestimmter Sektor entwickelt.

Es gibt eine Menge verschiedener Indizes, und jeder hat seinen eigenen Geschmack. Der Dow Jones zum Beispiel ist mit seinen 30 großen US-Unternehmen wie die „Mutter aller Indizes". Dann gibt es den S&P 500, der die 500 größten US-Unternehmen umfasst, also eine Art XXL-Version des Dow Jones. Und für die Freunde der Eurozone gibt es den Euro Stoxx 50, der die größten börsennotierten Unternehmen der Eurozone in einem Index vereint.

Das sind nur ein paar Beispiele. Jeder Index hat seine eigene Geschichte und seinen eigenen Charakter – vom DAX, der die Crème de la Crème der deutschen Unternehmen abbildet, bis zum Nikkei 225, der den Puls des japanischen Marktes misst. In diesem Kapitel schauen wir uns die bekanntesten Indizes genauer an und ich erkläre dabei, warum sie so wichtig sind, damit wir am Ende nicht nur wissen, was ein ETF ist, sondern auch, worauf er aufbaut.

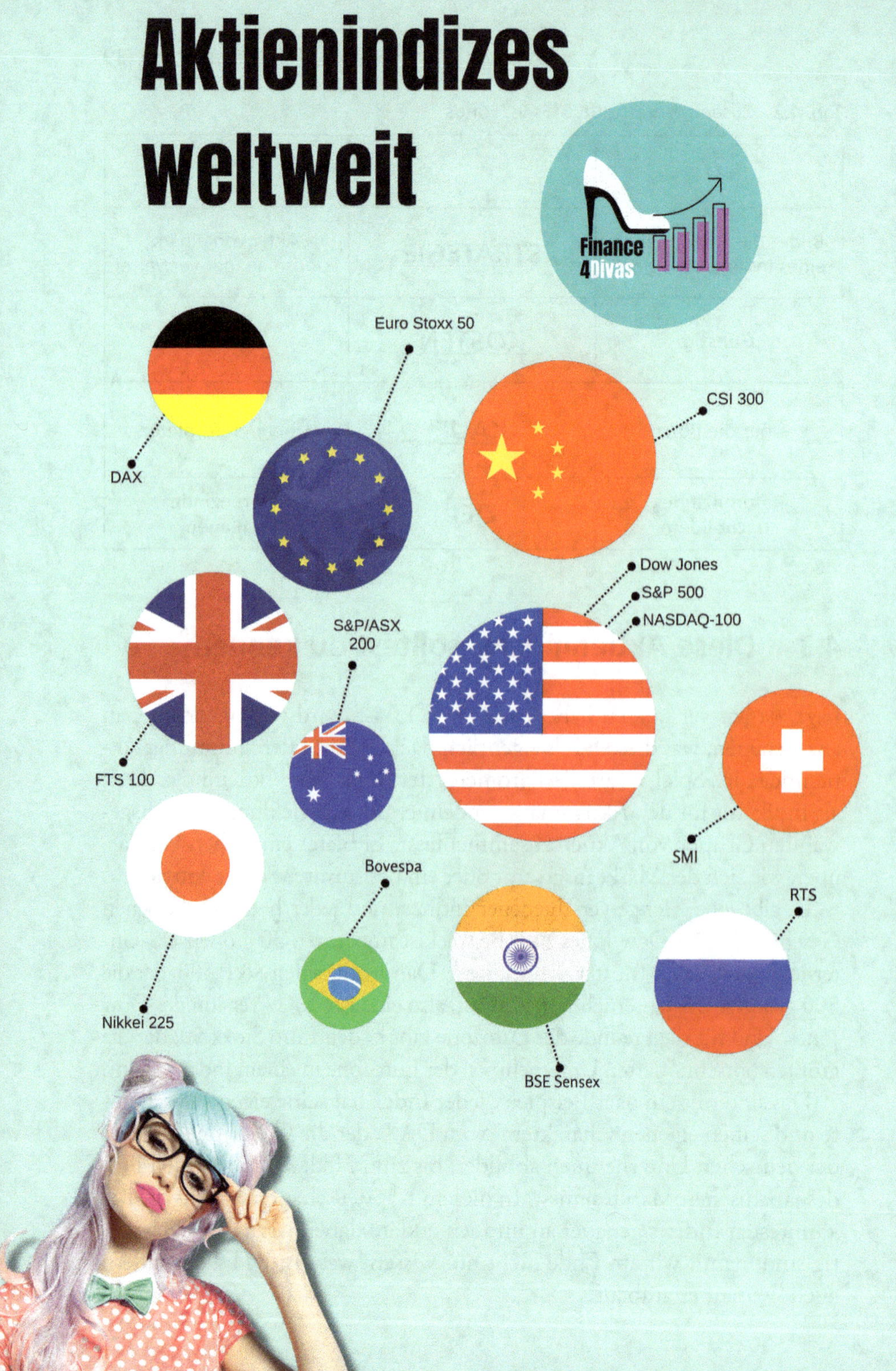

Aktienindizes weltweit
Finance 4Divas
DAX
Euro Stoxx 50
CSI 300
Dow Jones
S&P 500
NASDAQ-100
S&P/ASX 200
FTS 100
SMI
RTS
Nikkei 225
Bovespa
BSE Sensex

- **Dow Jones:** Die „Queen Mum" der Indizes. Der Dow Jones umfasst 30 US-Unternehmen – echte Schwergewichte, die zu den bekanntesten Namen der Börsenwelt zählen. Quasi die Oprah Winfrey und der George Clooney der Finanzszene: Seit 1896 im Rampenlicht – ein Symbol für Stabilität und Tradition an der Wall Street.
- **S&P 500:** Die „Big Party" der US-Börse. Hier sind die 500 größten amerikanischen Unternehmen eingeladen, von Tech-Giganten bis hin zu Modehäusern. Wenn der Dow Jones der elitäre VIP-Club ist, dann ist der S&P 500 die coole Hausparty, auf der wirklich jeder sein will – für ein breites Bild der US-Wirtschaft.
- **Nasdaq-100:** Der Tech-Guru unter den Indizes. Hier versammelt sich die Crème de la Crème der Technologiebranche – von Apple über Microsoft bis hin zu Meta. Wenn es um Innovation, Zukunft und digitales Wachstum geht, ist der Nasdaq-100 der Place to be. Er ist das Silicon Valley im Börsenformat – schnell, clever und ein bisschen nerdy, aber verdammt erfolgreich. Wer hier mitfeiert, setzt auf die Trendsetter von morgen.
- **Euro Stoxx 50:** Das europäische „It-Girl". Die 50 größten Unternehmen der Eurozone, glamourös und immer top gestylt. Der perfekte Mix aus Mode, Luxus und Technik.
- **FTSE 100:** Der britische Gentleman unter den Indizes. Enthält die 100 größten Unternehmen an der Londoner Börse, immer höflich und vornehm – der James Bond der Finanzwelt.
- **DAX:** Deutschlands „Topmodel". Die 40 größten börsennotierten Unternehmen, die „Made in Germany" repräsentieren. Stabil, zuverlässig und immer auf den Punkt gestylt.
- **Nikkei 225:** Der „Samurai" der Indizes. Japans Antwort auf den Dow Jones. Enthält 225 Schwergewichte aus Tokio. Er ist nicht nur cool, sondern auch der Boss in Asien.
- **SMI:** Die „Schweizer Praline". Klein, aber luxuriös! Enthält die 20 größten Unternehmen der Schweiz, mit einem Hauch von Käse und Schokolade.
- **CSI:** Der „Great Wall" Index Chinas. Er vereint die 300 größten und mächtigsten Unternehmen Chinas – von Hightech bis zu riesigen Konzernen. Wer sich einen Überblick über die aufstrebende Wirtschaftsmacht verschaffen will, findet hier alles, was China an Börsenpower zu bieten hat.

- **BSE Senex:** Der Bollywood-Star aus Indien. Die 30 größten Unternehmen Mumbais, mit viel Drama, Tanz und Wachstumspotenzial.
- **ASX 200:** Der „Surfer" unter den Indizes. Mit 200 Unternehmen bringt er den entspannten Vibe Australiens auf die Börsenbühne. Von Bergbau bis FinTech – ein wilder Ritt durch alles, was Australiens Wirtschaft antreibt, gewürzt mit einer ordentlichen Portion Sonne und Abenteuerlust.
- **Bovespa:** Der brasilianische „Samba-König" der Indizes. Mit einer bunten Mischung aus 80 der größten Unternehmen Brasiliens, von Öl bis Banken. Hier tanzt die Börse zu den Rhythmen des Regenwaldes – heiß, lebendig und voller Energie.
- **RTS:** Der „Wodka-Shot" unter den Indizes. Russlands Top-Unternehmen, von Ölriesen bis Tech-Titanen, treffen sich hier. Hart, direkt und unberechenbar – wie eine eiskalte Nacht in Moskau.

4.4   Auswahlkriterien bei einem ETF

Die Auswahl des richtigen ETFs mag zunächst wie eine Herausforderung wirken, ist aber mit den richtigen Kriterien gar nicht so kompliziert. Ähnlich wie bei der Wahl deiner Lieblingsschokolade – sei es Milka, Lindt oder Merci – gibt es bei ETFs verschiedene Anbieter und Nuancen. Während einige ETFs günstiger sind, bieten andere spezielle Replikationsmethoden oder Ausschüttungsarten an. Doch am Ende des Tages bleibt Schokolade Schokolade, und ebenso bilden ETFs desselben Indexes letztlich die gleiche Grundlage ab. Entscheidend sind dabei Faktoren wie Kosten, Fondsvolumen, Replikationsmethode und Fondsdomizil, die den Erfolg deiner Investition beeinflussen können. Damit du jedoch die beste Wahl treffen und deine Anlagestrategie optimal umsetzen kannst, schauen wir uns im Folgenden die wichtigsten Kriterien an, die du bei der ETF-Suche beachten solltest. Von den Kosten bis zur Ausschüttungsart – mit diesen Tipps findest du den ETF, der perfekt zu deinen finanziellen Zielen passt.

AUSWAHLKRITERIEN
BEI DER SUCHE NACH
DEM RICHTIGEN
ETF

1. **Fondsvolumen:** Schau dir an, wie viel Geld im ETF steckt. Je größer das Volumen, desto besser. Ein großer ETF ist oft stabiler und leichter zu handeln. In der Fachsprache gibt das „Fondsvolumen" Auskunft über die Größe des ETFs. Je geringer das in einem ETF verwaltete Vermögen ist, desto größer ist die Gefahr, dass der Fonds irgendwann aufgelöst wird. Zudem ist ein volumenstarker ETF meist auch günstiger (TER) und liquider. Achte darauf, dass das Fondsvolumen mindestens 500 Millionen Euro beträgt.

2. **Total Expense Ratio (TER):** Die TER (Gesamtkostenquote) ist wichtig, weil sie zeigt, wie viel der ETF jedes Jahr kostet. Je niedriger diese Zahl ist, desto besser, weil niedrige Kosten langfristig zu höheren Gewinnen führen können. Achte darauf, dass die TER möglichst niedrig ist. Diese Zahl liegt je nach ETF zwischen 0,1 % und 0,8 % und ist eine wichtige Kennzahl.

3. **Replikationsmethode:** ETFs können den Index auf verschiedene Weisen nachbilden. Physische ETFs investieren direkt in die Wertpapiere (z. B. DAX-Werte), die der Index (z. B. DAX) enthält. Synthetisch replizierende ETFs bilden dagegen den Index über spezielle Finanzinstrumente (Derivate). Ich bevorzuge die physisch replizierende ETFs, weil sie deutlich leichter nachvollziehbar sind als die synthetischen. Grundsätzlich sind synthetisch replizierende ETFs aber nicht schlechter als physische.

4. **Fondsdomizil:** Das Fondsdomizil ist ein wichtiges Kriterium bei der Fondsauswahl. Achte hierbei insbesondere auf in Europa aufgelegte UCITS-Fonds, da diese von den Vorteilen einer einheitlichen europäischen Regulierung profitieren. In erster Linie solltest du dich auf in Europa domizilierte ETFs mit dem Zusatz „UCITS" konzentrieren. Bei Aktien-ETFs ist Irland aus steuerlichen Gründen oft den Domizilen Luxemburg, Deutschland und Frankreich vorzuziehen, vor allem bei ETFs, die überwiegend in den USA investieren.

5. **Ausschüttungsart:** Geschmacksache. Überlege, ob du ETFs möchtest, die dir regelmäßig Geld ausschütten (ausschüttende ETFs) oder die, die Gewinne wieder reinvestieren (thesaurierende ETFs). Ich persönlich bin ein Fan von thesaurierenden. Warum? Das erkläre ich im nächsten Kapitel.

6. **Fondsalter:** Ähnlich wie das Fondsvolumen spielt auch das Fondsalter eine wichtige Rolle für langfristig agierende Anlegerinnen. Die Zeit, die ein ETF bereits am Markt ist, kann wichtig sein. ETFs mit einer längeren Geschichte haben eine bessere Erfolgsbilanz. In der Regel bevorzuge ich ETFs, die mindestens drei bis fünf Jahre am Markt sind, da sie eine gewisse Stabilität und Verlässlichkeit zeigen.

"ETFs sind wie Schokolade: Viele Marken, gleicher Geschmack. Am Ende bildet der ausgewählte ETF denselben Index ab."

- Marsal Ghiasi -

Um deutlich zu machen, dass man hier kaum etwas falsch machen kann, veranschauliche ich es nochmal mit einem Bild (siehe ◉ Abb. 4.1). Bei der Auswahl eines bestimmten ETF ist es ähnlich wie mit Schokolade: Es gibt verschiedene Marken wie Milka, Lindt, Merci und viele mehr. Genauso gibt es ETFs von verschiedenen Anbietern wie iShares, Vanguard, SPDR und anderen. Jeder Anbieter kann leicht unterschiedliche Variationen **desselben Index** anbieten, sowie verschiedene Schokoladenmarken unterschiedliche Geschmacksrichtungen haben. Aber am Ende bleibt Schokolade Schokolade. Deshalb kann man beim Kauf eines ETFs, der einen bestimmten Index abbildet, nicht viel falsch machen. MSCI World ETFs von verschiedenen Anbietern bilden letztendlich alle denselben MSCI World Index ab. Das beruhigt und macht den Einstieg ins Investieren um einiges einfacher.

Merke dir: Schokolade bleibt Schokolade – und ein MSCI-World-ETF bleibt ein MSCI-World-ETF.

Auch wenn verschiedene Anbieter ihre eigene Verpackung, Gebührenstruktur oder kleine Unterschiede mitbringen: Am Ende bilden sie alle denselben Index ab – den MSCI World.

Abb. 4.1 ETF-Anbieter

Fazit: Die Entscheidung für einen ETF hängt von deinen persönlichen Anlagezielen, Präferenzen und Bedürfnissen ab. Genau wie du deine Schokolade nach Geschmack auswählst, kannst du einen ETF finden, der zu deiner finanziellen Strategie passt. Achte dabei auf Merkmale wie Kosten, Replikationsmethode und Fondsvolumen, um sicherzustellen, dass dein ETF zu deinen Zielen passt. Und genauso wie du Schokolade genießt, die deinem Geschmack entspricht, möchtest du langfristig mit deinem ETF-Investment zufrieden sein und deine finanziellen Ziele erreichen.

4.5 Thesaurierender vs. ausschüttender ETF

In diesem Abschnitt möchte ich kurz auf einen wichtigen Unterschied eingehen, den jeder verstehen sollte, bevor er in ETFs investiert – und nein, es geht nicht um Nagellack, obwohl das Bild genau das zeigt, um es anschaulich zu erklären.

Ausschüttende und thesaurierende ETFs lassen sich sehr gut anhand dieses Bildes erklären. Ein thesaurierender ETF, wie auf der linken Seite dargestellt, funktioniert wie der rote Nagellack, der immer wieder zurück in die Flasche tropft. Stell dir vor, dass die Erträge, die dieser ETF generiert – wie zum Beispiel Dividenden, die Aktien im ETF ausschütten – automatisch reinvestiert werden. Das bedeutet, dass der Wert deines Investments kontinuierlich steigt. Dies ermöglicht es dir, vom Zinseszinseffekt zu profitieren. Dein Geld wächst schneller, weil die Erträge selbst wieder Erträge erwirtschaften, anstatt ausgeschüttet zu werden.

Um langfristig Vermögen aufzubauen, ist es wichtig, den **Zinseszinseffekt** zu verstehen. Er ist die Grundlage dafür, dass dein Geld „für dich arbeitet".

Kleiner Exkurs

Was ist der Zinseszinseffekt? Wie Benjamin Franklin es so treffend formuliert hat: „Money makes money. And the money that money makes, makes money." Zinseszinsen sind die Zinsen, die du auf deine bereits erwirtschafteten Zinserträge erhältst. Der Zinseszins ist deine beste Freundin, wenn es darum geht, Vermögen zu vermehren. Dank der Macht des Zinseszinseffekts wächst dein Geld schneller – ohne, dass du dafür etwas tun musst. Wichtig ist, die Zinserträge umgehend zu reinvestieren oder thesaurieren zu lassen, um diesen Effekt voll auszunutzen. Allerdings benötigt es Zeit und Geduld, bis der Zinseszins wirklich spürbar anwächst. Der Anlagezeitraum sollte daher mehrere Jahre umfassen, um den vollen Nutzen daraus zu ziehen. Ich werde in ▶ Kap. 7 noch einmal ausführlicher darauf eingehen. Aber hier schon mal eine kleine Erklärung vorab – und es schadet nicht, das Thema mehrmals zu lesen. Der Zinseszinseffekt entfaltet seine Kraft am besten, wenn er wirklich verstanden wird.

Zurück zu unserem Nagellack-Beispiel: Auf der rechten Seite siehst du den ausschüttenden ETF, dargestellt durch den pinken Nagellack, der sofort sichtbar ausgeschüttet wird. In diesem Fall erhältst du die Erträge regelmäßig ausgezahlt. Das ist dann so, als ob der Nagellack direkt auf deine Nägel aufgetragen wird, und du das Ergebnis sofort sehen kannst. Diese regelmäßigen Auszahlungen sind besonders attraktiv, wenn du auf laufende Einnahmen angewiesen bist oder einfach gern über zusätzliches Geld verfügst. Du behältst die volle Kontrolle über deine Liquidität und kannst entscheiden, was du mit den Erträgen machst – ob du sie ausgibst, anderweitig investierst oder für später zurücklegst. Allerdings entgeht dir hierbei der volle Zinseszinseffekt, da die Erträge nicht automatisch reinvestiert werden.

Jede Variante hat ihre eigenen Vor- und Nachteile. Thesaurierende ETFs eignen sich besonders gut für langfristig orientierte Anlegerinnen, die den Zinseszinseffekt voll ausschöpfen möchten. Ausschüttende ETFs sind hingegen ideal für Anlegerinnen, die regelmäßige Erträge bevorzugen. Welche der beiden Optionen die bessere Wahl für dich ist, hängt von deinen persönlichen Vorlieben und Anlagezielen ab. Schauen wir uns nun die Vor- und Nachteile (◉ Tab. 4.3, ◉ Tab. 4.4) beider Optionen genauer an, damit du eine fundierte Entscheidung treffen kannst, die am besten zu deiner Finanzstrategie passt.

Ausschüttende ETFs

Tab. 4.3 Pro & Contra Ausschüttende ETFs

Pro ausschüttend	Contra ausschüttend
✚ Du erhältst regelmäßig Cash-Erträge auf dein Konto. Das kann besonders dann nützlich sein, wenn du auf laufende Einnahmen angewiesen bist. ✚ Du behältst die Kontrolle über deine Liquidität und kannst mit den Erträgen nach Belieben verfahren. ✚ Ausschüttende ETFs bieten dir Flexibilität in Bezug auf die Geldanlage. Du kannst die Erträge anderweitig investieren, wenn du das möchtest.	▬ Wenn du die Erträge aus einem ausschüttenden ETF anderweitig investierst, könnten Transaktionskosten anfallen.

Thesaurierende ETFs

Tab. 4.4   Pro & Contra Thesaurierende ETFs

Pro thesaurierend	Contra thesaurierend
✚ Die Wiederanlage der Erträge erfolgt automatisch im Fonds, was dir langfristig den Vorteil des Zinseszinseffekts verschafft. ✚ Es fallen keine zusätzlichen Gebühren für die automatische Wiederanlage an.	▬ Thesaurierende ETFs schütten keine Erträge direkt aus, was bedeutet, dass du keine laufenden Cash-Erträge erhältst.

Wichtiger Unterschied bei der Besteuerung:

- **Ausschüttende ETFs:** Hier erfolgt die Besteuerung der Ausschüttungen sofort durch die Depotbank. Das hat den Vorteil, dass der Sparerfreibetrag (derzeit 1000 Euro) genutzt werden kann, was bedeutet, dass auf die ersten 1000 Euro Erträge keine Steuern anfallen.
- **Thesaurierende ETFs:** Bei diesen ETFs wird zu Jahresbeginn eine „Vorabpauschale" erhoben – eine fiktive Ertragsbesteuerung, selbst wenn keine tatsächliche Ausschüttung erfolgt. In den vergangenen Jahren war diese Pauschale aufgrund der extrem niedrigen Zinsen oft so gering, dass sie ganz entfiel. Das führte dazu, dass thesaurierende ETFs lange Zeit von einem Steuerstundungseffekt profitierten: Der Großteil der Steuer wurde erst beim Verkauf fällig, wodurch der Zinseszinseffekt voll zur Geltung kam.

Doch Achtung: Mit dem gestiegenen Zinsniveau seit 2023/2024 fällt die Vorabpauschale wieder stärker ins Gewicht. Das heißt, der Vorteil des Steueraufschubs ist heute geringer als noch vor ein paar Jahren – aber nicht ganz verschwunden.

Merke dir: Thesaurierende ETFs sind besonders attraktiv, wenn die Zinsen niedrig sind – dann entfällt oft die laufende Besteuerung. Steigen die Zinsen, sinkt der Steuerstundungseffekt, aber du profitierst trotzdem langfristig vom automatischen Reinvestieren durch den Zinseszinseffekt.

Was besser ist, hängt von deinen persönlichen Präferenzen und deiner Anlagestrategie ab. Grundsätzlich kann man sagen, dass thesaurierende ETFs eher für langfristig orientierte Anlegerinnen geeignet sind, die den Vorteil des Zinseszinseffekts nutzen möchten. Ausschüttende ETFs bieten hingegen regelmäßige Cash-Erträge, was für Anlegerinnen wichtig sein kann, die auf laufende Einnahmen angewiesen sind oder taktisch mit ihren Investments umgehen möchten. Es gibt keine eindeutig „richtige" oder „falsche" Wahl, sondern es geht darum, was am besten zu deinen individuellen finanziellen Zielen und Präferenzen passt.

Was du aus diesem Kapitel mitnehmen solltest:

ETFs sind mehr als nur ein Trend – sie sind ein praktisches, günstiges und leicht verständliches Anlageinstrument, das dir den Einstieg in die Welt des Investierens erleichtert. In diesem Kapitel hast du gelernt, wie ETFs funktionieren, worin sie sich von klassischen Fonds unterscheiden und warum sie sich besonders gut für einen langfristigen Vermögensaufbau eignen.

💡 **Die wichtigsten Learnings im Überblick:**

- **Ein ETF ist ein passiv gemanagter Fonds,** der einen Index wie den DAX oder MSCI World abbildet – günstig, transparent und einfach handelbar.
- **Im Gegensatz zu aktiv gemanagten Fonds** entfallen bei ETFs viele Gebühren – dadurch bleibt mehr Rendite für dich übrig.
- **Diversifikation:** ETFs ermöglichen eine breite Streuung: Mit nur einem Produkt investierst du in viele Unternehmen gleichzeitig – das senkt das Risiko.
- **Aktiv vs. passiv:** Aktiv gemanagte Fonds versuchen, den Markt zu schlagen – kosten aber mehr. ETFs bilden den Markt einfach nach und schlagen durch geringere Kosten oft sogar die aktiv verwalteten Alternativen.
- **Auswahlkriterien:** Sie wissen jetzt, was Begriffe wie Fondsvolumen, TER, Replikationsmethode, Fondsdomizil und Ausschüttungsart bedeuten – wichtige Kriterien für die ETF-Auswahl. Die Wahl des richtigen ETFs hängt von Ihren Zielen, Ihrem Anlagehorizont und Ihren persönlichen Vorlieben ab – es gibt keinen „perfekten" ETF für alle.
- **Thesaurierende ETFs** reinvestieren Erträge automatisch und nutzen so den Zinseszinseffekt – ideal für langfristiges Wachstum.
- **Ausschüttende ETFs** zahlen Erträge regelmäßig aus – gut für alle, die laufende Einnahmen bevorzugen.
- **ETFs sind flexibel:** Sie können jederzeit an der Börse gekauft und verkauft werden – genau wie Aktien.
- **Ob Sektor, Land oder Nachhaltigkeit** – für jeden Anlagestil gibt es den passenden ETF.

NOTIZEN

Die wichtigsten Punkte für mich:

5. Was sind Anleihen?

Zusammenfassung

In diesem Kapitel lernst du, was Anleihen eigentlich sind und warum sie trotz ihres eher ruhigen Charakters eine wichtige Rolle im Finanzmix spielen können. Du erfährst, wie du mit Anleihen Staaten oder Unternehmen Geld leihen und dafür regelmäßig Zinsen kassierst – ganz ohne Nervenkitzel. Gerade in turbulenten Börsenzeiten sind Anleihen echte Ruhepole im Depot. Ich zeige dir, wie sie funktionieren, welche Risiken du kennen solltest und wie du mit Rentenfonds clever in einen Anleihe-Mix investieren kannst. Ob als sichere Ergänzung zu deinem ETF-Depot oder als stabiler Start ins Investieren: Dieses Kapitel gibt dir das nötige Wissen, um auch die „ruhige Seite" des Finanzmarkts souverän zu meistern – und vielleicht ganz neu zu schätzen.

Viele stolpern immer wieder über diesen Begriff, wissen aber nicht so genau, was es damit auf sich hat. Deshalb wird es Zeit, auf dieses oft unterschätzte Finanzinstrument kurz einzugehen und zu erklären, was Anleihen eigentlich sind. Der Fokus in diesem Buch liegt dennoch auf ETFs und Aktien – dem aufregenden Teil der Finanzwelt.

Was sind Anleihen eigentlich? Stell dir vor, du hast eine Freundin, nennen wir sie „Staat" oder „Unternehmen", die dringend Geld braucht. Sie kommt zu dir und sagt: „Wenn du mir 1.000 Euro leihst, verspreche ich dir, dass du jedes Jahr 50 Euro Zinsen erhältst. Und in fünf Jahren bekommst du dein gesamtes Geld zurück." Klingt wie ein fairer Deal, oder?

© Der/die Autor(en), exklusiv lizenziert an
Springer Fachmedien Wiesbaden GmbH, ein Teil von Springer Nature 2025
M. Ghiasi, *Finance for Divas*, https://doi.org/10.1007/978-3-658-48643-3_5

Genau das ist eine Anleihe! Wenn Staaten oder Unternehmen Anleihen ausgeben, leihen sie sich quasi Geld von Investoren – also von dir – mit dem Versprechen, es am Ende der Laufzeit zurückzuzahlen. Im Gegenzug erhältst du regelmäßige Zinszahlungen, die sogenannten Kupons.

Anleihen sind in der Finanzwelt wie die verlässliche Freundin, die immer pünktlich zahlt. Während Aktien manchmal wilde Stimmungsschwankungen haben und sich verhalten wie eine Achterbahn, sind Anleihen oft stabiler und vorhersehbarer. Deshalb sind sie besonders für sicherheitsbewusste Anlegerinnen interessant.

Wie funktioniert eine Anleihe?

Die Zinszahlungen können auf zwei Arten erfolgen:

- **Regelmäßige Zinszahlungen:** Während der vereinbarten Dauer erhältst du in bestimmten Zeitabständen, zum Beispiel einmal im Jahr, eine Zinszahlung auf dein Investment.
- **Einmalige Zahlung am Ende der Laufzeit:** Hier erhältst du alle Zinsen und dein eingesetztes Kapital auf einen Schlag zurück.

Das Beste daran? Du musst eine Anleihe nicht bis zum Schluss behalten. Wenn du dein Geld früher zurückhaben möchtest oder deine Meinung änderst, kannst du die Anleihe an der Börse verkaufen. Der Preis, den du dafür bekommst, hängt davon ab, wie hoch die Zinsen sind und wie viel Vertrauen die Anlegerinnen in den Emittenten bzw. den Herausgeber der Anleihe haben.

Das Risiko einer Anleihe hängt stark davon ab, wer sie herausgibt. Stell dir vor, du leihst einer guten Freundin Geld – wenn sie zuverlässig ist, wirst du dein Geld wohl zurückbekommen. Wenn es aber jemand ist, der ständig pleite ist und immer wieder das leere Versprechen gibt: „Ich zahle es nächste Woche!", dann sieht die Sache schon anders aus.

- **Sichere Anleihen:** Staaten wie Deutschland oder die Schweiz haben eine hervorragende Bonität und gelten als extrem zuverlässige Schuldner. Hier ist das Risiko gering, aber die Zinsen sind oft niedrig.
- **Riskante Anleihen:** Unternehmen oder Staaten mit schlechterer Kreditwürdigkeit müssen höhere Zinsen bieten, um Investoren anzulocken. Aber Vorsicht! Hier besteht das Risiko, dass der Emittent zahlungsunfähig wird und du dein Geld nicht zurückbekommst.

Was sind Anleihen?

Bianka investiert
10.000 € in Anleihen
zu 3 % auf 10 Jahre

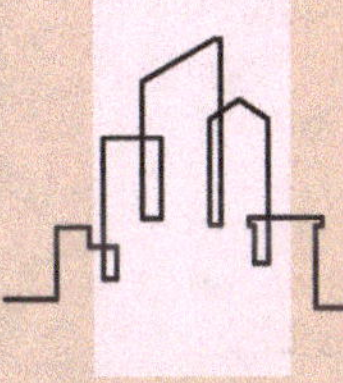

 + 

Bianka bekommt jedes
Jahr 3 % Zinsen
Nach 10 Jahren
10.000 € zurück

Anleihen

Staat oder Unternehmen
geben Anleihen aus

Bianka
leiht 10.000 €
an Staat oder
Unternehmen

– **Kursrisiko:** Der Preis einer Anleihe kann an der Börse steigen oder fallen. Besonders dann, wenn sich die Zinssätze ändern. Steigen die allgemeinen Zinsen, sind ältere Anleihen mit niedrigeren Zinsen weniger gefragt, sodass ihr Preis sinkt. Sinkt hingegen das allgemeine Zinsniveau, werden ältere Anleihen mit höheren Zinsen attraktiver, und ihr Preis steigt.

Beispiel

Bianka kauft eine Anleihe für 10.000 Euro mit einer Laufzeit von 10 Jahren und einem festen Zinssatz von 3 % pro Jahr. Das bedeutet: Sie erhält jedes Jahr 300 Euro Zinsen, insgesamt also 3.000 Euro über die gesamte Laufzeit. Am Ende bekommt sie zusätzlich ihre 10.000 Euro zurück.

Doch nach zwei Jahren möchte Bianka das Geld früher zurück und entscheidet sich, die Anleihe an der Börse zu verkaufen. In der Zwischenzeit sind jedoch die Marktzinsen auf 5 % gestiegen. Neue Anleihen bringen also mehr Zinsen als Biankas Anleihe. Dadurch ist ihre Anleihe für andere Anlegerinnen weniger attraktiv – und ihr Marktpreis sinkt. Sie findet nur jemanden, der ihr 9.200 Euro dafür bietet.

Das Ergebnis: Bianka hat zwar in den zwei Jahren 600 Euro Zinsen erhalten, beim Verkauf jedoch einen Verlust von 800 Euro gegenüber dem ursprünglichen Kaufpreis gemacht. Da sie die Anleihe vor Ablauf verkauft hat, wurde das Kursrisiko für sie spürbar – vor allem, weil die Zinsen in der Zwischenzeit gestiegen sind.

Rentenfonds – Der Anleihen-Mix: Du erinnerst dich an das Beispiel mit dem Blumenladen aus dem letzten Kapitel? Während Aktien wie schnell wachsende, aber empfindliche Blumen sind, stehen Anleihen eher für robuste Pflanzen, die langsamer wachsen, aber stabil bleiben. Wenn du in Anleihen investieren möchtest, aber denkst: „Anleihen klingen ja nicht schlecht, aber ich habe keine Lust, mich mit einzelnen Anleihen zu beschäftigen." Kein Problem! Dafür gibt es Rentenfonds. Das sind Investmentfonds, die nicht nur in eine, sondern in viele verschiedene Anleihen investieren. Dadurch wird dein Geld auf mehrere Herausgeber – sogenannte Emittenten – verteilt, was das Risiko verringert.

Ein großer Vorteil ist, dass Rentenfonds von Profis verwaltet werden. Du musst dich also nicht selbst um den Kauf und Verkauf kümmern. Trotzdem profitierst du von regelmäßigen Zinszahlungen, die aus den Erträgen der Anleihen stammen.

Natürlich gibt es auch hier Risiken. Der Wert eines Rentenfonds kann sich ändern, besonders wenn die allgemeinen Zinssätze steigen oder sinken. Zudem gibt es Verwaltungsgebühren, die von den Erträgen abgezogen werden. Trotzdem bleibt ein Rentenfonds eine einfache und bequeme Möglichkeit, in Anleihen zu investieren, ohne sich selbst um jedes Detail kümmern zu müssen. Und falls du dein Geld anderweitig benötigst, kannst du deine Fondsanteile jederzeit an der Börse verkaufen.

Fazit: Anleihen sind vielleicht nicht das aufregendste Investment, aber sie haben definitiv ihren Platz – besonders für sicherheitsorientierte Anlegerinnen. Sie sind wie die zuverlässige Freundin in deinem Umfeld: Vielleicht nicht die erste Wahl für ein wildes Abenteuer, aber immer da, wenn du Stabilität brauchst. In den letzten Jahren waren Anleihen durch die Niedrigzinspolitik zwar eher unattraktiv, doch mit steigenden Zinsen gewinnen sie wieder an Bedeutung – als solide und vergleichsweise sichere Alternative zu Aktien. Selbst wenn du vor allem auf ETFs und Aktien setzt, kann ein kleiner Anteil an Anleihen dein Portfolio stabilisieren – und dir ein bisschen Ruhe in turbulenten Börsenzeiten schenken.

Was du aus diesem Kapitel mitnehmen solltest:

Anleihen sind die ruhigen, verlässlichen Begleiter im Investment-Universum – weniger aufregend als Aktien, aber mit einem entscheidenden Vorteil: Stabilität. Du hast gelernt, dass Anleihen im Grunde nichts anderes sind als ein Kredit, den du Staaten oder Unternehmen gibst – und dafür regelmäßig Zinsen kassierst. Je besser die Bonität des Emittenten, desto sicherer – aber meist auch weniger rentabel.

💡 **Die wichtigsten Learnings im Überblick:**

- Anleihen zahlen regelmäßige Zinsen (Kupons) und das Kapital am Ende der Laufzeit zurück.
- Der Preis von Anleihen kann schwanken – besonders wenn sich das Zinsniveau ändert.
- Staatliche Anleihen (z. B. aus Deutschland) gelten als sehr sicher, bringen aber weniger Rendite.
- Unternehmensanleihen bieten oft mehr Zinsen, bergen aber auch mehr Risiko.
- Mit Rentenfonds kannst du in viele Anleihen gleichzeitig investieren – ohne dich um Details kümmern zu müssen.

NOTIZEN

Die wichtigsten Punkte für mich:

6. Was ist ein Depot?

Zusammenfassung

In diesem Kapitel wird es konkret: Wir schauen uns gemeinsam an, wie du dein erstes Depot eröffnest – ganz ohne Fachchinesisch und Stress. Du lernst den Unterschied zwischen Filialbanken, Direktbanken und Online-Brokern kennen und erfährst, worauf es wirklich ankommt. Für Einsteigerinnen habe ich persönliche Empfehlungen parat – Anbieter, die einfach zu bedienen und gleichzeitig kostengünstig sind. Ich zeige dir, wie du versteckte Gebühren vermeidest und so das Beste aus deiner Rendite herausholst. Auch das Thema Sicherheit nehmen wir unter die Lupe: Was passiert mit deinem Geld, wenn ein Broker pleitegeht? Keine Sorge – du wirst bestens vorbereitet. Dieses Kapitel ist dein praxisnaher Einstieg in die Welt des Investierens – alltagstauglich, verständlich und direkt umsetzbar.

In diesem Kapitel dreht sich alles um die Grundvoraussetzung für das Investieren: das **Depot**. Aber was genau ist ein Depot, und warum spielt es eine so zentrale Rolle für den Einstieg in die Börsenwelt? Keine Sorge, ich werde das Ganze Schritt für Schritt aufschlüsseln. Egal, ob du gerade erst mit dem Investieren anfängst oder deine Grundlagen auffrischen möchtest – dieses Kapitel gibt dir die Antworten, die du suchst. Also, vom Shopping-Center kommen wir nun zum Einkaufswagen. Jetzt wird es spannend, wir tauchen ein in die aufregende Welt der Depots!

Was ist ein Depot?

Blicken wir kurz zurück: In ▶ Kap. 2 habe ich das Bild eines Einkaufswagens im Shopping-Center verwendet, um den Handel an der Börse zu veranschaulichen. Erinnerst du dich noch an den Einkaufswagen? Perfekt, denn genau jetzt kommen wir zu diesem Vergleich zurück. Ein Depot ist dein Einkaufswagen im großen Shopping-Center (Börse). Mit diesem „**Einkaufswagen**" kannst du verschiedene Wertpapiere wie Aktien, ETFs und andere Finanzprodukte shoppen. Mit anderen Worten: Ein Depot ist ein Konto, auf dem Wertpapiere verwaltet werden. Wenn du anfangen möchtest, an der Börse zu investieren, benötigst du zunächst ein Depot. Es ist deine Basis und das erste Werkzeug, das du brauchst, um erfolgreich mit dem Investieren zu starten.

Wer oder was ist dann ein Broker?

Du kennst bestimmt den Film „The Wolf of Wall Street". Der Film erzählt die Geschichte eines Brokers in New York. Dass sich nicht jeder Broker tagtäglich die gesamte Drogenpalette einschmeißt, ist klar. Es ist eben ein Hollywoodfilm.

Kommen wir zur Realität. Als Privatanlegerin kannst du nicht direkt an der Börse handeln, weil dir eine entsprechende Zulassung der Finanzbehörden fehlt. Hier kommen die Broker ins Spiel. Ein Broker ist wie der persönliche Assistent im Einkaufszentrum, der dir hilft, deinen Einkaufswagen (Depot) zu füllen. Wenn du eine Aktie kaufen oder verkaufen willst, nimmt der Broker diesen Auftrag von dir entgegen und führt ihn an deiner Stelle an der Börse aus. Dafür musst du ihm eine Gebühr zahlen, wie zum Beispiel Depotgebühren oder auch Handelsgebühren.

Ein **Broker** ist ein Dienstleister oder eine Plattform, die es dir ermöglicht, Wertpapiere wie Aktien, Anleihen und ETFs zu kaufen und zu verkaufen. Der Broker führt die Aufträge für dich aus und bietet Zugang zu den Märkten.

Ein **Depot** (oder Wertpapierdepot) ist ein spezielles Konto, in dem deine gekauften Wertpapiere aufbewahrt und verwaltet werden. Und du kannst jederzeit nachschauen, was du schon „eingekauft" hast. Genau wie ein Einkaufswagen hilft dir das Depot, den Überblick über deine Investitionen zu behalten und alles an einem Ort zu verwalten.

Warum benötigst du einen Broker? Du benötigst einen Broker – mit anderen Worten ein „Depot" –, wenn du Aktien kaufen möchtest. Du kannst also nicht einfach zur Börse in Frankfurt gehen und dort eigenständig Wertpapiere kaufen oder verkaufen. In der Umgangssprache werden die Begriffe „Depot" und „Broker" übrigens häufig synonym verwendet, auch wenn es technisch gesehen Unterschiede gibt.

◉ Abb. 6.1 zeigt den Ablauf des Wertpapierhandels in vereinfachter Form.

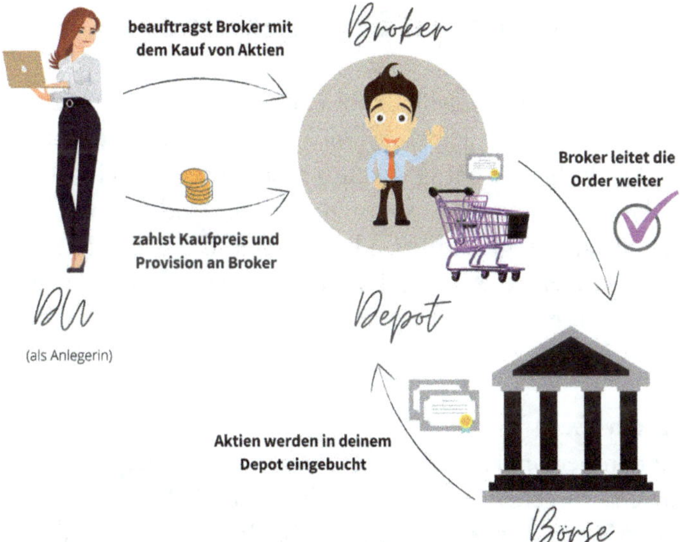

Abb. 6.1 Ablauf des Wertpapierhandels

1. **Du:** Das Bild beginnt mit dir als Anlegerin. Du hast Geld, das du investieren möchtest.
2. **Broker:** Der Broker ist der Vermittler, der deine Aufträge entgegennimmt. Du gibst dem Broker das Geld, und er kauft oder verkauft die gewünschten Wertpapiere für dich.
3. **Depot (Einkaufswagen):** Das Depot wird durch einen Einkaufswagen symbolisiert. Es ist der Ort, an dem die Wertpapiere, die du über den Broker kaufst, sicher aufbewahrt werden. So wie du im Einkaufswagen Waren sammelst, sammelst du im Depot deine Wertpapiere.
4. **Börse (Shopping-Center):** Der Broker führt deine Kauf- oder Verkaufsaufträge an der Börse aus. Die Börse ist das Shopping-Center, an dem Aktien, ETFs oder andere Wertpapiere gehandelt werden.
5. **Rückverbindung:** Nach dem Kauf oder Verkauf gelangen die Wertpapiere zurück in dein Depot (Einkaufswagen). Damit hast du den Überblick über deine Investitionen.

Zusammengefasst: Du investierst dein Geld, der Broker handelt für dich an der Börse, und die gekauften Wertpapiere landen sicher in deinem Depot, symbolisiert durch den Einkaufswagen.

6.1   Wo kann ich ein Depot eröffnen?

Fast jede Bank bietet die Möglichkeit, ein Depot zu eröffnen. Dies ist sowohl bei klassischen Filialbanken möglich – also auch bei der Bank, bei der du vielleicht bereits ein Girokonto hast – als auch bei vielen Direktbanken, die in der Regel etwas kostengünstiger sind. Noch günstiger als Direktbanken sind sogenannte Online-Broker. Dabei handelt es sich um reine Depotbanken, die häufig kostenlose Depots anbieten. Allerdings solltest du beachten, dass es bei diesen Anbietern keine persönliche Kundenberatung gibt.

Filialbanken (€€€)

Wenn du den persönlichen Kontakt schätzt und es magst, in eine Bankfiliale vor Ort zu gehen, sind Filialbanken wie die Sparkasse, Volksbank oder eine Privatbank wie die Commerzbank vielleicht das Richtige für dich. Das ist eine solide, aber oft ziemlich teure Lösung. Du zahlst bei vielen Filialbanken hohe Gebühren dafür. Die Folge ist dieses Geld schmälert den Ertrag deiner Investition.

Direktbanken (€€)

Ohne Filialen, aber mit gutem Service per E-Mail, Chat oder Telefon, arbeiten Direktbanken. Diese bieten nicht nur Girokonten und Kreditkarten, sondern auch Online-Depots, häufig ohne laufende Gebühren. Transaktionskosten, also die Kosten für Käufe und Verkäufe, sind in der Regel niedriger als bei Filialbanken. Direktbanken wie die ING DiBa, die DKB oder die Comdirect sind meistens eine kostengünstigere Alternative.

Online-Broker (€)

Noch günstiger als Direktbanken sind sogenannte Online-Broker wie Flatex, Trade Republic und ähnliche Anbieter. Dabei handelt es sich um reine Depotbanken, die häufig kostenlose Depots anbieten. Allerdings gibt es bei diesen Anbietern keine Kundenberatung. Bei einem Broker, manchmal auch als Neobroker bezeichnet, zahlst du in der Regel noch niedrigere Gebühren als bei Onlinebanken. Diese konzentrieren sich ausschließlich auf die Depotführung und bieten in der Regel keine weiteren Bankgeschäfte an.

Dies hilft dir bereits, die Auswahl einzugrenzen. Eine Übersicht dazu findest du in ◉ Abb. 6.2.

Abb. 6.2 Depot-Übersicht

Die Konkurrenz auf dem Markt ist groß und unübersichtlich, insbesondere durch die wachsende Zahl von Online-Anbietern. Daher solltest du dir immer genau ansehen, wo du ein Depot eröffnen kannst, und verschiedene Anbieter miteinander vergleichen. Dies hilft dir bereits, die Auswahl einzugrenzen. Hier sind einige Kriterien, die du bei der Auswahl eines Brokers berücksichtigen solltest:

- **Kosten:** Überprüfe die Gebühren für Transaktionen (Käufe/Verkäufe) und mögliche Depotführungsgebühren. Niedrige Kosten erhöhen deine Rendite.
- **Angebot:** Achte darauf, ob der Broker die Wertpapiere anbietet, in die du investieren möchtest (z. B. Aktien, ETFs).
- **Benutzerfreundlichkeit:** Die Plattform sollte leicht zu bedienen sein, damit du deine Investitionen einfach verwalten kannst.

Meine Empfehlung für Anfänger

Ich persönlich habe mittlerweile vier Depots. Für Anfängerinnen würde ich grundsätzlich **Trade Republic** empfehlen. Trade Republic ist ein App-basiertes Depot, das sehr einfach zu bedienen ist und mit Abstand das günstigste Depot auf dem Markt. Der Haken: Die Auswahl an Produkten und Börsenplätzen ist leider etwas beschränkt. Aber für Börsenneulinge reicht sie für den Anfang vollkommen aus. Weitere gute Alternativen sind **Scalable Capital**, das sowohl eine kostenlose Version (Free Broker) als auch kostengünstige Abonnements mit Flatrates für den Handel bietet[17], sowie **Zero**, das ähnlich günstig ist und besonders durch einfache Bedienung punktet. **Comdirect** ist ebenfalls eine empfehlenswerte Option, insbesondere wenn du eine größere Produktvielfalt und den Zugang zu persönlicher Beratung bevorzugst. Allerdings sind die Gebühren hier etwas höher. Jede dieser Optionen bietet je nach Bedarf und Erfahrung ihre Vorteile.

> **Gut zu wissen:** Es ist von Vorteil, wenn du dein Depot bei einem Anbieter in Deutschland eröffnest. Warum? Weil der Wechsel zu einem anderen Anbieter bei ausländischen Banken oder Brokern oft kompliziert und zeitaufwendig ist. Außerdem musst du dich bei ausländischen Depots selbst um die Steuern kümmern, da diese nicht automatisch abgeführt werden – das kann schnell unübersichtlich werden.

Ein weiterer wichtiger Punkt: Was passiert mit deinen Aktien, wenn der Depotanbieter pleitegeht? Mehr dazu erfährst du in ▶ Abschn. 6.3. Aber vorab schon einmal: Keine Sorge, deine Wertpapiere sind sicher. Sie gehören nicht zum Vermögen der Bank oder des Brokers, sondern gelten als sogenanntes Sondervermögen. Das bedeutet, dass sie auch im Falle einer Insolvenz des Anbieters geschützt sind. Allerdings könnte es bei einem ausländischen Anbieter schwieriger sein, deine Rechte durchzusetzen. Ein deutscher Anbieter bietet hier mehr Sicherheit und weniger Stress.

---

[17] Das heißt, dass du gegen eine feste monatliche Gebühr unbegrenzt oder günstiger Wertpapiere kaufen und verkaufen kannst.

6.2   Welche Kosten entstehen bei einem Depot?

Die Börse ist leider kein All-you-can-trade-Buffet! Es gibt immer ein paar Kosten, die anfallen, wenn du mit Wertpapieren handelst. Damit diese dir nicht die Rendite schmälern, hier eine Übersicht der wichtigsten Gebühren – erklärt mit einer Prise Diva-Humor.

Depotführungsgebühren – der Basispreis
Du kennst das: Um einen Einkaufswagen zu nutzen, musst du oft eine kleine Gebühr hinterlegen – nur hier bekommst du den Euro nicht zurück. Ähnlich verlangen einige Broker Gebühren dafür, dass du dein Depot führen darfst. Diese sogenannten Depotführungsgebühren können monatlich oder jährlich anfallen. Zum Glück verzichten viele moderne Online-Broker auf diese Kosten, vor allem wenn du regelmäßig handelst. Es gibt also genügend Anbieter, die dir den Einkaufswagen kostenlos zur Verfügung stellen.

Ordergebühren – shoppen kostet
Jede Transaktion – also jeder Kauf oder Verkauf – wird mit einer *Ordergebühr* belastet. Diese kann auf verschiedene Arten berechnet werden:

- **Prozentuale Gebühr:** Hier nimmt der Broker sich einen Teil des Kuchens, je nach Ordervolumen. Beispiel: 1 % Gebühr bei einem Aktienkauf von 2.000 Euro bedeutet 20 Euro Gebühren.
- **Flat Fee:** Zum Beispiel könntest du für jede Transaktion pauschal 5 Euro zahlen, egal, ob du Aktien im Wert von 100 Euro oder 10.000 Euro kaufst.
- **Orderflatrate:** Für Viel-Traderinnen, die immer unterwegs sind, gibt es Flatrates. Du zahlst einmal im Jahr und kannst handeln, so viel du willst. Perfekt für alle, die auch an der Börse gerne „all in" gehen.
- **Spread-Kosten:** Neben den klassischen Gebühren verdienen viele Broker am Spread. Dabei handelt es sich um die bereits erklärte Differenz zwischen dem Kaufpreis (Ask) und dem Verkaufspreis (Bid) eines Wertpapiers – also quasi die Gewinnspanne des Brokers bei jeder Transaktion. Beispiel: Wenn du eine Aktie für 50,10 Euro kaufst, der Verkaufspreis jedoch nur bei 50 Euro liegt, zahlst du indirekt 0,10 Euro pro Aktie an den Broker. Besonders bei spekulativen oder weniger liquiden Wertpapieren kann dieser Spread deutlich höher ausfallen.

Du kannst tolle Investments machen, aber die Preise – sprich Gebühren – solltest du vorher kennen. Wähle deinen Broker sorgfältig aus, vergleiche die Kosten und denk daran: Geringe Gebühren bedeuten mehr Rendite auf deinem Konto! Mit den richtigen Entscheidungen bist du der Star an der Börse – und nicht nur deine Investments, sondern auch dein Kontostand wird glänzen.

6.3 Was passiert mit meinen Aktien, wenn der Broker pleitegeht?

Die Vorstellung, dass der eigene Broker Insolvenz anmelden könnte, sorgt bei vielen Anlegerinnen für Unsicherheit – und das völlig zu Recht. Schließlich geht es um das hart erarbeitete Vermögen und den Schutz der eigenen Investitionen. Genau deshalb gehört diese Frage zu den häufigsten, die mir gestellt werden: „Was passiert eigentlich mit meinen Aktien, wenn mein Broker pleitegeht?"

Das Wichtigste zuerst: Selbst, wenn dein Broker pleitegeht, bleiben deine Aktien und ETFs weiterhin in deinem Eigentum. Broker dürfen Ihre Wertpapiere ausschließlich verwalten – nicht mehr und nicht weniger. Deine Wertpapiere werden getrennt vom Vermögen des Brokers aufbewahrt. Das bedeutet, dass deine Aktien und ETFs in einem separaten Bestand geführt werden, der nicht zur Insolvenzmasse des Brokers gehört. Auch im Falle einer Insolvenz des Brokers bleiben deine Wertpapiere also dein Eigentum! Deine Aktien, ETFs oder andere Wertpapiere, die du in deinem Depot hältst, gelten als **Sondervermögen.** Falls dein Broker wirklich Insolvenz anmeldet, wirst du benachrichtigt. Du hast dann die Möglichkeit, deine Wertpapiere auf ein anderes Depot bei einem neuen Broker zu übertragen. Dieser Vorgang kann etwas nervig sein, aber die gute Nachricht ist, deine Investitionen bleiben rechtlich dein Eigentum.

Anders verhält es sich mit dem Guthaben auf dem **Verrechnungskonto** deines Brokers. Um mit Wertpapieren handeln zu können, musst du erstmal Geld auf dieses Konto überweisen. Ein Konto, auf das du Geld einzahlst, um damit Aktien oder ETFs kaufen zu können. Das ist quasi das Portemonnaie, das du beim Shopping brauchst. Dieses Guthaben

Was passiert mit meinen AKTIEN, wenn der BROKER pleitegeht?

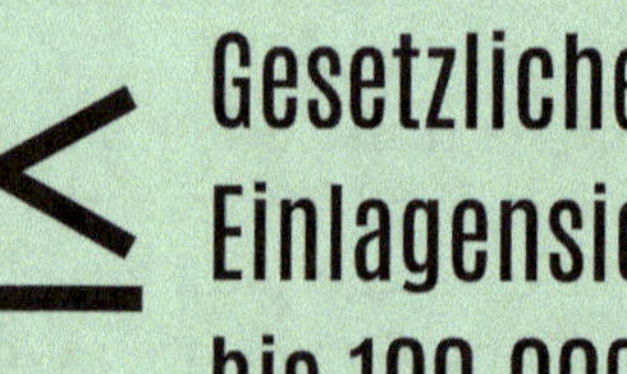

Verrechnungskonto

Sondervermögen

unterliegt, genau wie bei deinem Girokonto, den Regelungen des **Einlagensicherungsgesetzes**. Sollte der Broker insolvent werden, ist dein Geld bis zu einem Betrag von 100.000 Euro geschützt.

Was heißt Einlagensicherung?

Nach europäischem Recht gibt es eine verpflichtende Einlagensicherung bis zu 100.000 Euro. Diese betrifft das Verrechnungskonto bei deinem Broker oder deiner Bank, also da, wo dein Geld draufliegt. Alles darüber hinaus ist im Falle einer Insolvenz nicht geschützt.

Zusätzlicher Schutz: Freiwillige Einlagensicherung

Einige Banken und Broker bieten über die gesetzliche Einlagensicherung hinaus zusätzlichen Schutz. Zum Beispiel sind viele Banken Mitglied im freiwilligen Einlagensicherungsfonds des Bundesverbands deutscher Banken. Durch diesen Fonds können höhere Beträge abgesichert werden – oft bis zu 750.000 Euro pro Kunde. Einige bekannte Broker, wie beispielsweise Scalable oder Zero, nutzen diesen zusätzlichen Schutz. Das bedeutet, dass dein Guthaben bei diesen Anbietern noch umfassender abgesichert ist als nur durch die gesetzlichen Vorgaben.

Fazit: Deine Investments sind sicher

Deine Aktien und ETFs sind durch Sondervermögen geschützt, und dein Guthaben auf dem Verrechnungskonto hat den Sicherheitsgurt der Einlagensicherung. Selbst im schlimmsten Fall – einer Insolvenz – bleiben deine Investments dein Eigentum. Mit diesem Wissen kannst du also nun beruhigt ein Depot eröffnen und dich voll und ganz auf deine Investmentstrategie konzentrieren.

Was du aus diesem Kapitel mitnehmen solltest:

Du weißt jetzt, was ein Depot ist, warum es die Grundlage für jede Investition darstellt – und was ein Broker dabei für eine Rolle spielt. Wir haben uns gemeinsam die Unterschiede zwischen Filialbanken, Direktbanken und Online-Brokern angeschaut und geklärt, worauf es bei der Auswahl ankommt. Außerdem kennst du jetzt die wichtigsten Kostenpunkte rund um das Depot und weißt, wie du Gebühren möglichst geringhältst, um deine Rendite zu verbessern. Und besonders wichtig: Deine Wertpapiere sind auch bei einer Pleite des Brokers sicher – denn sie gelten als Sondervermögen und bleiben dein Eigentum.

💡 **Die wichtigsten Learnings im Überblick:**

- **Ein Depot** ist dein „Einkaufswagen" für Wertpapiere – ohne geht's nicht.
- **Broker führen deine Käufe und Verkäufe aus** – sie sind deine Schnittstelle zur Börse.
- **Online-Broker** sind oft günstiger, aber es gibt keine persönliche Beratung.
- **Achte auf niedrige Gebühren** – sie verbessern deine Rendite langfristig.
- **Deine Wertpapiere sind Sondervermögen** und auch im Insolvenzfall sicher.
- **Einlagesicherung:** Guthaben auf dem Verrechnungskonto ist bis 100.000 Euro gesetzlich abgesichert.
- **Für Einsteigerinnen** sind einfache, günstige Broker wie Trade Republic oder Scalable ideal.
- Lieber bei einem **deutschen Anbieter** starten – das macht vieles einfacher und sicherer.

NOTIZEN

Die wichtigsten Punkte für mich:

7. Erste Schritte: So startest du an der Börse

Zusammenfassung

Jetzt wird's ernst – aber keine Sorge, nicht kompliziert! In diesem Kapitel machen wir den entscheidenden Schritt vom „Ich würde ja gerne …" zum „Ich mach's jetzt einfach!". Der Einstieg ins Investieren fühlt sich für viele schwer an, aber genau dabei begleite ich dich. Du erfährst, warum der erste Schritt der wichtigste ist – und wie du ihn ohne Angst gehst. Wir räumen mit Unsicherheiten auf, besprechen einfache Regeln. Ich zeige dir, wie man sein erstes ETF kauft und warum Zeit, Geduld und ein Plan deine besten Freunde beim Investieren sind. Außerdem lernst du, wie du mit kleinen Beträgen Großes bewirkst und warum es sich lohnt, langfristig dranzubleiben. Dieses Kapitel ist dein Sprungbrett – verständlich, alltagstauglich und motivierend. Denn niemand wird als Investorin geboren, aber jede kann es werden.

Jetzt, da du weißt, was ein Depot ist und wie ETFs funktionieren, können wir den ersten richtigen Schritt wagen. Für viele ist dieser Schritt der schwierigste. Oft höre ich den Satz: „Ich will ja anfangen, aber ich weiß nicht wie." Diese Unsicherheit ist vollkommen verständlich und weit verbreitet. Die Angst, Fehler zu machen und möglicherweise Geld zu verlieren, hält viele davon ab, den ersten Schritt zu wagen. Doch genau dieser erste Schritt ist entscheidend.

© Der/die Autor(en), exklusiv lizenziert an
Springer Fachmedien Wiesbaden GmbH, ein Teil von Springer Nature 2025
M. Ghiasi, *Finance for Divas*, https://doi.org/10.1007/978-3-658-48643-3_7

Es ist wichtig zu verstehen, dass niemand als Profi geboren wird. Wie bei vielen anderen Dingen im Leben, erfordert auch das Investieren eine Lernkurve. Denk daran, wie du das Fahrradfahren gelernt hast: Du bist wahrscheinlich ein paar Mal hingefallen, bevor du es endlich konntest. Genauso ist es beim Investieren. Fehler gehören dazu und aus ihnen lernt man. Der beste Weg, die Angst zu überwinden, ist einfach anzufangen. Warte nicht darauf, dass du alles bis ins letzte Detail verstehst, denn das führt zu noch mehr Unsicherheit. Fang erstmal einfach an, mit der Zeit wächst nicht nur dein Depot, sondern auch dein Wissen und Selbstvertrauen. Und keine Sorge: Auch die besten Investorinnen haben mal klein angefangen.

7.1   10 goldene Regeln für Anfängerinnen

Bevor du richtig loslegst, solltest du einige **wichtige Grundregeln** kennen, die dir dabei helfen, die ersten Hürden zu überwinden. Mit ein paar klaren Regeln und einer Portion Geduld wirst auch du schon bald sicher und selbstbewusst deine ersten Schritte an der Börse gehen. Also packen wir es an – hier sind die 10 goldenen Regeln für Anfängerinnen!

1. Setze klare finanzielle Ziele
Frage dich: Warum möchte ich investieren? Möchtest du langfristiges Wachstum erreichen, oder benötigst du das investierte Geld in naher Zukunft wieder? Klare Ziele helfen dir, fokussiert zu bleiben und nicht bei jeder Marktschwankung hektisch zu reagieren.

2. Leg ein finanzielles Polster an
Bevor du investierst, solltest du sicherstellen, dass du über einen Notgroschen verfügst, der etwa drei Monatsausgaben abdeckt. Dieses finanzielle Polster gibt dir Sicherheit und verhindert, dass du, wenn du kurzfristig Geld brauchst, deine Investments vorzeitig verkaufen musst.

EINFACH MAL ANFANGEN!

3. Fang klein an

Du musst nicht gleich mit riesigen Beträgen anfangen. Beginne mit kleinen Beträgen. Viele Online-Plattformen ermöglichen es dir, bereits ab 1 Euro zu investieren und schrittweise dein Portfolio aufzubauen. So kannst du ohne großen finanziellen Druck erste Erfahrungen sammeln und sicherer im Umgang mit deinen Investitionen werden.

4. Kaufe nur das, was du verstehst

Investiere nur in Produkte und Unternehmen, die du wirklich verstehst. Wenn dir nicht klar ist, womit ein Unternehmen Geld verdient oder wie ein Finanzprodukt funktioniert, lass lieber die Finger davon. Wissen schafft Sicherheit und schützt vor kostspieligen Fehlentscheidungen.

5. Diversifikation ist das A und O

Setz nicht alles auf eine Karte. Diversifikation bedeutet, dein Risiko breit zu verteilen, indem du in verschiedene Anlageklassen wie Aktien, Anleihen, ETFs und in unterschiedliche Branchen investierst. So minimierst du das Risiko größerer Verluste und kannst gleichzeitig von den Chancen verschiedener wirtschaftlicher Entwicklungen profitieren.

6. Emotionen unter Kontrolle halten

An der Börse sind Emotionen oft der größte Feind. Panikverkäufe bei fallenden Kursen und überstürzte Käufe bei steigenden Kursen führen selten zu guten Entscheidungen. Kurz gesagt: Bleib ruhig und halte dich an deinen Plan.

7. Hin und her macht die Taschen leer

Jede Transaktion kostet Geld – und häufiges Kaufen und Verkaufen kann deine Rendite erheblich schmälern. Vermeide unnötige Umschichtungen in deinem Depot und bleib deiner langfristigen Strategie treu. Weniger Aktionismus, mehr Geduld – das zahlt sich aus.

8. Investieren ist ein Marathon, kein Sprint

Vermögen baut sich nicht über Nacht auf. Es ist ein langfristiger Prozess. Schon kleine, regelmäßige Investitionen können dank des **Zinseszinseffekts** im Laufe der Jahre eine beeindruckende Summe ergeben. Geduld ist hier deine beste Freundin.

9. Beobachte und lerne

Dein erster Invest wird wahrscheinlich nicht perfekt sein – und das ist völlig in Ordnung! Investieren ist ein fortlaufender Lernprozess. Beobachte deine Investments, ziehe Lehren aus Fehlern und passe deine Strategie entsprechend an. Mit der Zeit wirst du sicherer, erfahrenere Entscheidungen treffen und kontinuierlich dazulernen.

10. Jetzt ist der beste Zeitpunkt, um zu starten

Es spielt keine Rolle, wo du gerade stehst. Der wichtigste Schritt ist, anzufangen. Je früher du beginnst, desto mehr Zeit hat dein Geld, für dich zu arbeiten. Lass dich nicht von kurzfristigen Schwankungen entmutigen, sondern behalte deine langfristigen Ziele im Blick.

Zusammenfassend lässt sich eines sagen: Der erste Schritt ist immer der schwerste, aber auch der wichtigste. Beginne mit kleinen Schritten, informiere dich gründlich und hab keine Angst vor Fehlern. Denk daran, dass niemand über Nacht zum Investmentprofi wird. Mit Geduld und Kontinuität wirst du immer sicherer und erfolgreicher im Umgang mit deinen Finanzen. Jetzt, da du die wichtigsten Grundlagen kennst, kommen wir zum entscheidenden Schritt: das Handeln.

7.2   Wie beginne ich zu investieren?

In den vorherigen Kapiteln haben wir uns bereits intensiv mit den Grundlagen des Investierens auseinandergesetzt: Was ein Depot ist, welche Unterschiede zwischen Aktien und ETFs bestehen und warum Diversifikation so wichtig ist. Nun geht es darum, dieses Wissen in die Praxis umzusetzen. Schritt für Schritt zeige ich dir, wie du dein erstes Investment tätigen kannst – klar, strukturiert und ohne unnötige Komplexität.

7.2.1   Ein Depot eröffnen – Die Basis für dein Investment

Ein Depot ist die notwendige Grundlage für jede Anlegerin. Ohne Depot kannst du keine Aktien oder ETFs kaufen. Das Depot ist, wie wir mittlerweile wissen, wie ein spezielles Konto, auf dem deine Wertpapiere aufbewahrt werden.

Wo eröffne ich ein Depot? Für Einsteigerinnen eignen sich vor allem Direktbanken wie **Comdirect**, **Consorsbank** oder **DKB**. Noch günstiger und häufig einfacher zu bedienen sind spezialisierte Online-Broker wie **Scalable Capital**, **Trade Republic** oder **Smartbroker**. Wähle einen Anbieter, der deinen persönlichen Bedürfnissen entspricht und transparente Gebührenstrukturen bietet.

7.2.2 Geld auf das Depot einzahlen – Die Startfinanzierung

Nachdem du dein Depot eingerichtet hast, musst du Geld auf das dazugehörige Verrechnungskonto überweisen. Dieses Konto dient als Geldquelle für alle Käufe und als Empfänger für Verkaufserlöse und Dividendenzahlungen. Es ist im Grunde wie dein finanzieller Geldbeutel für deine Investitionen.

7.2.3 Die richtige Auswahl treffen – Aktien oder ETFs?

Jetzt wird es spannend: Die Auswahl deiner ersten Wertpapiere steht an! Klar, Aktien von großen Namen wie Apple oder Microsoft klingen verlockend – schließlich sind sie die Promis der Finanzwelt. Aber auch wenn es aufregend ist, die erste Aktie zu kaufen, sollten Einsteigerinnen besser mit ETFs (Exchange Traded Funds) starten.

In ▶ Abschn. 4.2 habe ich ETFs bereits ausführlich erklärt. Kurz gesagt: Mit einem ETF kaufst du nicht nur eine einzelne Aktie, sondern gleich einen ganzen Aktienstrauß. Sie sind kostengünstig, breit gestreut und ausgesprochen pflegeleicht. Perfekt also, um entspannt in die Welt des Investierens einzutauchen, ohne ständig den Aktienkurs von jedem einzelnen Unternehmen im Blick behalten zu müssen. Ich stelle dir jetzt zwei Varianten vor, wie du am besten starten kannst.

Variante A: Zwei ETFs für mehr Kontrolle

- **MSCI World ETF[18]:** Dieser ETF bietet Zugang zu rund 1.397 großen und mittelgroßen Unternehmen aus 23 Industrienationen weltweit. Am stärksten sind dabei Unternehmen aus den USA vertreten. Beispielsweise sind Aktien von Microsoft, Apple, Amazon, Facebook und Tesla im MSCI World.

---

[18] Mit 73,92 % sind Unternehmen aus den USA am stärksten im MSCI World-Index vertreten. Danach folgen Japan (5,23 %) und Großbritannien (3,44 %). Zu den am stärksten vertretenen Branchen im MSCI World-Index zählen Informationstechnologie (25,29 %), Finanzdienstleistungen (16,30 %) und Industriewerte (11,01 %). Die zehn größten Unternehmen im MSCI World machen 24,35 % des Index aus. Quelle: MSCI; Stand: 29.11.2024.

- **MSCI Emerging Markets ETF**[19]: Dieser ETF bietet Zugang zu rund 1.253 Unternehmen aus 24 Schwellenländern wie China, Indien und Brasilien.

Eine beliebte Aufteilung ist 70/30, das heißt, **70 % MSCI World ETF und 30 % MSCI Emerging Markets ETF**. Damit bist du in über 2.500 Unternehmen weltweit investiert und hast eine solide Grundlage geschaffen.

> **Beispielrechnung**
>
> Angenommen, du investierst insgesamt 10.000 Euro:
> - 70 % in MSCI World ETF: 7.000 Euro
> - 30 % in MSCI Emerging Markets ETF: 3.000 Euro

Mit dieser Aufteilung (◉ Abb. 7.1) investierst du 70 % in große und stabile Unternehmen aus reichen Industrieländern und 30 % in wachstumsstarke Unternehmen aus Schwellenländern. Diese Mischung sorgt für Sicherheit durch etablierte Märkte und gleichzeitig für Chancen auf höhere Gewinne durch die wachsenden Märkte.

Variante B: Ein ETF für maximale Einfachheit

- **FTSE All-World**[20]: Dieser ETF enthält etwa 4.300 Aktien und ermöglicht es dir, mit nur einem ETF in Unternehmen aus 25 Industrie- und 24 Schwellenländern weltweit zu investieren.
- Es gibt auch andere Indizes, die den globalen Aktienmarkt abbilden, wie zum Beispiel den **MSCI All-Countries-World (MSCI ACWI)**. Dieser Index umfasst ebenfalls Unternehmen aus Industrie- und Schwellenländern, ist aber mit rund 3.200 Aktien etwas kleiner als der FTSE All-World. Da beide Indizes die Unternehmen nach ihrem Börsenwert gewichten, sind die Unterschiede in der Praxis eher gering. Die Top-Unternehmen sind bei beiden Indizes nahezu gleich.

---

[19] Mit 26,99 % sind Unternehmen aus China am stärksten im MSCI Emerging Markets-Index vertreten. Danach folgen Indien (19,93 %) und Taiwan (18,88 %). Zu den am stärksten vertretenen Branchen im MSCI Emerging Markets-Index zählen Finanzdienstleistungen (23,79 %), Informationstechnologie (23,36 %) und Nicht-Basiskonsumgüter (13,26 %). Quelle: MSCI; Stand: 29.11.2024.

[20] www.lseg.com FTSE-Indexinformationen.

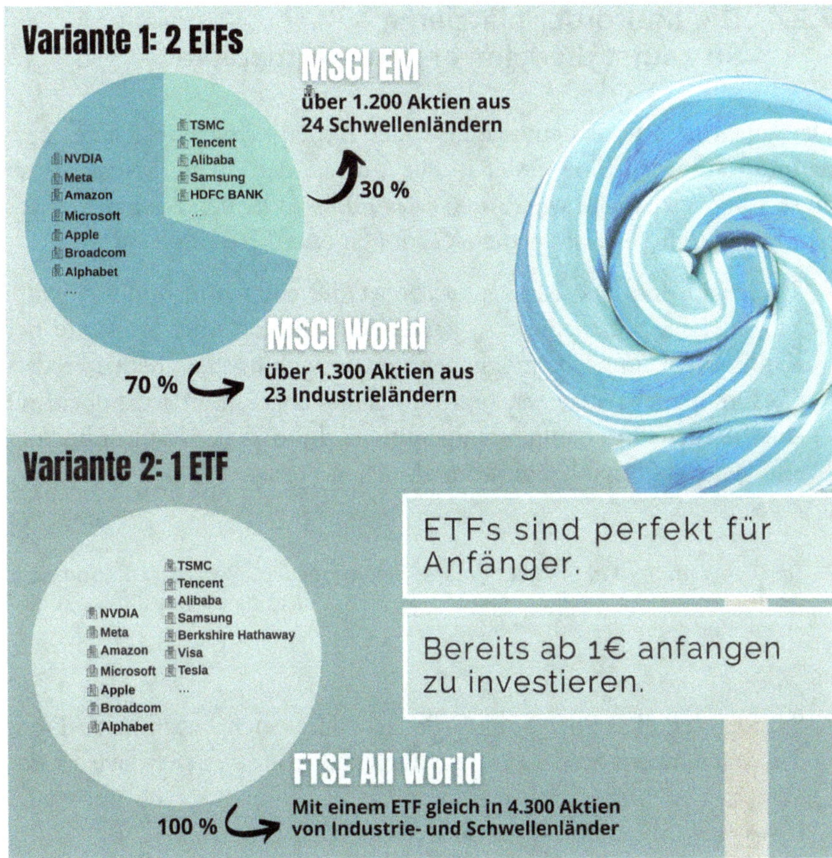

Abb. 7.1   So kannst du starten: Zwei einfache Einstiegsvarianten

Ich persönlich bevorzuge die erste Variante, weil ich selbst steuern kann, wie viel ich in Industrie- und Schwellenländer investiere. In meinem Depot habe ich eine Aufteilung von 60/40.

Sobald du dich mit ETFs wohlfühlst und ein besseres Verständnis für den Markt entwickelt hast, kannst du schrittweise auch in einzelne Aktien investieren. In meinem Depot befinden sich sowohl mehrere ETFs als auch einzelne Aktien. Diese Kombination bietet eine gute Balance zwischen Stabilität und gezielten Wachstumschancen.

7.2.4 Die Kauforder platzieren –
So kaufst du deine ersten Wertpapiere

Der eigentliche Kauf deiner ETFs oder Aktien erfolgt über eine sogenannte Kauforder. Eine **Order** ist ein Auftrag, den du an deinen Broker gibst, um Wertpapiere wie Aktien oder ETFs zu kaufen oder zu verkaufen. Hierbei gibt es verschiedene Optionen (◉ Abb. 7.2):

- **Market-Order:** Die Market-Order ist die einfachste und schnellste Möglichkeit, Wertpapiere zu kaufen. Bei dieser Orderform wird der Kauf sofort zum nächstmöglichen Preis ausgeführt. Das bedeutet, dass die Order nicht an einen bestimmten Preis geknüpft ist. Sobald du eine Market-Order aufgibst, signalisierst du, dass der Kauf unbedingt erfolgen soll – unabhängig vom aktuellen Preis.

> **Tipp:** Verwende Market-Orders nur in einem hochliquiden Markt, also bei Wertpapieren, die häufig gehandelt werden. Das minimiert das Risiko, einen ungünstigen Preis zu erhalten.

- **Stop-Order:** Bei einer Stop-Order legst du einen bestimmten Preis, den sogenannten Stop-Kurs, fest. Wird dieser Preis erreicht, wird automatisch eine Order ausgelöst. Stop-Orders können sowohl für Käufe (Stop-Buy) als auch für Verkäufe (Stop-Loss) genutzt werden.

> **Tipp:** Mit einer Stop-Loss-Order kannst du Verluste begrenzen und Gewinne sichern, selbst wenn du dein Depot nicht ständig im Blick hast.

- **Die Limit-Order** ist eine sicherere Variante, bei der du einen festen Preis vorgibst. Die Order wird nur ausgeführt, wenn der Kurs diesen von dir festgelegten Preis erreicht. Im Gegensatz zur Market-Order akzeptierst du also nicht jeden Preis, sondern legst vorab fest, wie viel du bereit bist zu zahlen oder zu erhalten.

ORDERTYPEN

Abb. 7.2 Ordertypen

Diese verschiedenen Ordertypen geben dir die Flexibilität, deine Käufe und Verkäufe besser an deine Ziele und Marktbedingungen anzupassen. Wähle die Option, die am besten zu deiner Strategie passt. Für Einsteiger ist die **Market-Order** oft die einfachste und schnellste Variante.

7.2.5 Langfristig investieren – Dranbleiben und wachsen lassen

Nach der Order erhältst du eine Bestätigung und deine ETFs oder Aktien erscheinen in deinem Depot. Herzlichen Glückwunsch! Du hast soeben deinen ersten Schritt als Investorin gemacht. Doch dieser Schritt ist nur der Anfang einer Reise, die du über Jahre hinweg begleiten wirst.

Der Schlüssel zum Erfolg an den Finanzmärkten liegt nicht in hektischen Entscheidungen, sondern in **Geduld und Disziplin**. Investieren ist kein Sprint, sondern ein Marathon. Als Nächstes erkläre ich dir, warum langfristiges Investieren so wirkungsvoll ist, wie du den Zinseszinseffekt optimal nutzen kannst und weshalb es wichtig ist, konsequent zu bleiben.

Der Zinseszinseffekt: Das Wunder der Zeit

Zeit ist einer der mächtigsten Verbündeten einer Investorin. Der Zinseszinseffekt – oder das Prinzip, dass Erträge wiederum neue Erträge generieren – entfaltet seine volle Wirkung erst über lange Zeiträume. Einfach ausgedrückt: Geld, das Geld macht, macht noch mehr Geld.

Ein Beispiel verdeutlicht diesen Effekt

- Du investierst 10.000 Euro in einen ETF, der eine jährliche Rendite von 8 % erwirtschaftet.
- Nach einem Jahr hast du 10.800 Euro.
- Im zweiten Jahr verdienst du nicht nur auf die ursprünglichen **10.000 Euro** Rendite, sondern auch auf die bereits erwirtschafteten **800 Euro**.
- Nach 20 Jahren sind es etwa **46.610 EUR** – dein Startkapital hat sich fast verfünffacht, ganz ohne zusätzliche Einzahlungen.

Je länger das Geld angelegt ist, desto stärker wirkt der Zinseszinseffekt. Deshalb gilt: Beginne so früh wie möglich, auch wenn es nur mit kleinen Beträgen ist.

Ein **ETF- oder Aktiensparplan** ist dafür ideal, denn er erlaubt dir, regelmäßig in kleinen Schritten zu investieren und so die Zeit für sich arbeiten zu lassen. Beide Varianten bieten den Vorteil, dass du automatisiert und diszipliniert Vermögen aufbauen kannst, unabhängig davon, wie sich die Märkte gerade entwickeln. Du musst dich nicht jedes Mal aktiv um den Kauf kümmern – der Betrag wird monatlich (oder in einem anderen gewählten Intervall) automatisch investiert. Außerdem gibt es noch einen weiteren Vorteil, und zwar den Durchschnittskosteneffekt.

Der **Durchschnittskosteneffekt** heißt das Phänomen, mit dem du durch regelmäßige Investitionen unabhängig vom Kurs langfristig günstiger kaufen. Stell dir vor, du investierst jeden Monat **100 Euro**:

* **Monat 1:** Der Kurs liegt bei 10 Euro – du kaufst **10 Anteile**.
* **Monat 2:** Der Kurs sinkt auf 5 Euro – jetzt bekommst du **20 Anteile**.
* **Monat 3:** Der Kurs steigt auf 20 Euro – du kaufst **5 Anteile**.

Insgesamt hast du **300 Euro investiert** und **35 Anteile** gekauft. Der **durchschnittliche Preis** liegt bei etwa **8,57 Euro pro Anteil** – obwohl der Kurs zuletzt bei 20 Euro lag. Das Großartige daran: Bei niedrigen Kursen kaufst du automatisch mehr, bei hohen weniger. So sparst du dir das Grübeln über den richtigen Zeitpunkt und profitierst entspannt von langfristigen Kursentwicklungen. Zudem bewahrst du emotionale Distanz: Du bleibst diszipliniert und vermeidest impulsive Käufe oder Verkäufe, die durch Angst oder Gier getrieben sind. Mit einem ETF-Sparplan kannst du also stressfrei und systematisch ein Vermögen aufbauen, ohne ständig die Märkte im Blick behalten zu müssen. Das reduziert emotionale Fehlentscheidungen und macht das Investieren planbar und effizient. Den folgenden Satz von Benjamin Franklin solltest du dir gut merken. Er bringt die Essenz des Investierens elegant auf den Punkt. Sobald du diesen Gedanken verinnerlichst, wird klar, warum Zeit und Geduld die entscheidenden Bausteine für langfristigen Erfolg sind.

Ein Blick auf den MSCI World Index zeigt, wie lohnenswert langfristiges Investieren sein kann. Mit einer durchschnittlichen Rendite von 8,65 %[21] pro Jahr in den letzten 50 Jahren ist dieser Index ein Paradebeispiel für die Wachstumschancen globaler Aktienmärkte. Natürlich sind vergangene Renditen keine Garantie für die Zukunft, aber sie geben einen Hinweis darauf, welches Potenzial in einer langfristigen Anlagestrategie steckt. Indem du regelmäßig in breit diversifizierte ETFs wie den MSCI World investierst, partizipierst du am globalen Wirtschaftswachstum und erhöhst deine Chancen auf nachhaltigen Erfolg.

---

[21] Die durchschnittliche jährliche Rendite des MSCI World Index variiert je nach betrachteter Zeitspanne. Laut Finanztip erzielten Anleger, die seit 1975 in ETFs auf den MSCI World investierten, eine durchschnittliche Rendite von rund 9 % pro Jahr.

Der Zinseszinseffekt =

"Geld macht Geld, und das Geld das Geld macht, macht Geld."

- Benjamin Franklin -

Warum die ZEIT einer der wichtigsten Faktoren bei der Geldanlage ist?

LAUFZEIT

| | **10 JAHRE** | **20 JAHRE** | **30 JAHRE** |

SPARRATE

| | 100 EUR | 100 EUR | 100 EUR |

EINGEZAHLT

| | 12.000 EUR | 24.000 EUR | 36.000 EUR |

+

RENDITE
(DURCHSCHNITTLICH 8.65%)*

| | 6.630 EUR | 37.338 EUR | 123.243 EUR |

=

GESAMTERSPARNIS
IM FALL EINER INVESTITION

| | 18.630 EUR | 61.338 EUR | 159.243 EUR |

Langfristig erfolgreich zu investieren bedeutet, einen Plan zu haben und konsequent daran festzuhalten. Starte klein, investiere regelmäßig und vertrau auf die Kraft der Zeit. Der Zinseszinseffekt, die Ausgleichswirkung von Marktschwankungen und ein klarer Fokus auf deine Finanzziele machen den Unterschied. Verliere dich nicht in den täglichen Kursschwankungen oder kurzfristigen Trends. Erinnere dich stattdessen daran, dass Investieren ein Marathon ist. Bleib geduldig, diszipliniert und fokussiert – und lass dein Geld für dich arbeiten. Damit ist ein solider Grundstein gelegt. Dennoch gibt es typische Anfängerfehler, die du unbedingt vermeiden solltest. Welche das sind und wie du diese umgehst, erfährst du in ▶ Kap. 8.

Was du aus diesem Kapitel mitnehmen solltest:

Du weißt jetzt, dass der Einstieg in das Investieren kein Hexenwerk ist – auch wenn er anfangs vielleicht einschüchternd wirkt. Du hast gelernt, wie wichtig es ist, einfach zu starten, sich nicht vom Perfektionismus oder der Angst vor Fehlern bremsen zu lassen und stattdessen schrittweise erste Erfahrungen zu sammeln. Dieses Kapitel hat dir nicht nur gezeigt, welche Möglichkeiten du für dein erstes Investment hast, sondern auch, worauf du achten solltest.

Du kennst jetzt die goldenen Regeln für den Start, weißt, wie ein Depot funktioniert, welche ETF-Strategien für Einsteigerinnen sinnvoll sind und warum Geduld und Disziplin wichtiger sind als hektisches Handeln. Und: Du hast verstanden, wie mächtig der Zinseszinseffekt ist – und warum es sich lohnt, früh anzufangen.

💡 **Die wichtigsten Learnings im Überblick:**

- **Der wichtigste Schritt ist:** einfach anzufangen – und das geht auch mit kleinen Beträgen.
- **Ziele:** Setze dir klare Ziele und lege dir zuerst ein finanzielles Polster an.
- **ETFs eignen sich hervorragend für den Einstieg** – sie sind kostengünstig und breit gestreut.
- **Buy and Hold** ist eine bewährte Strategie: investieren, halten, wachsen lassen.
- **Emotionen wie Panik oder Gier sind schlechte Ratgeber** – Ruhe und Geduld zahlen sich aus.
- **Zinseszinseffekt:** Nutze den Zinseszinseffekt und investiere regelmäßig, z. B. über einen ETF-Sparplan.
- **Du musst nicht ständig dein Depot checken** – einmal im Jahr reicht vollkommen aus.
- **Der perfekte Zeitpunkt, um zu starten ist nicht morgen, sondern heute.**

NOTIZEN

Die wichtigsten Punkte für mich:

8. Anfängerfehler beim Investieren

Zusammenfassung

In diesem Kapitel erfährst du, welche typischen Fehler viele Anfängerinnen beim Investieren machen – und wie du diese ganz einfach vermeidest. Denn Wissen ist Macht, vor allem an der Börse. Du lernst, warum Emotionen wie Angst, Gier oder FOMO deine größten Feindinnen beim Investieren sind und wie eine klare Strategie dir Sicherheit und Struktur gibt. Ob Buy and Hold, Dividendenstrategie, Growth- oder Value-Investing – ich stelle die wichtigsten Anlagestrategien verständlich vor und zeige, wie du die passende für dich findest. Außerdem erfährst du, warum es so wichtig ist, sich klare Gewinn- und Verlustgrenzen zu setzen, um rational und diszipliniert zu handeln. Dieses Kapitel ist dien persönlicher Crashkurs für cleveres Investieren – mit einer Prise Humor, vielen Beispielen und ganz ohne Fachchinesisch. Bereit, typische Anfängerfehler zu umgehen und den Grundstein für deine erfolgreiche Investmentreise zu legen? Dann geht's jetzt los!

Jetzt weißt du, warum Zeit und Geduld entscheidende Faktoren für erfolgreiches langfristiges Investieren sind. Doch es gibt noch weitere wichtige Aspekte, die du kennen und beachten solltest – insbesondere, wenn du neben ETFs auch in einzelne Aktien investieren möchtest. Viele Anfängerinnen machen einige Fehler, die nicht nur Geld, sondern auch Nerven kosten können. Ob es emotionale Entscheidungen, das Fehlen

© Der/die Autor(en), exklusiv lizenziert an
Springer Fachmedien Wiesbaden GmbH, ein Teil von Springer Nature 2025
M. Ghiasi, *Finance for Divas*, https://doi.org/10.1007/978-3-658-48643-3_8

einer klaren Strategie oder das Ignorieren wichtiger Limits sind – diese Stolperfallen lassen sich leicht vermeiden, wenn du einige grundlegende Regeln befolgst.

In den folgenden Abschnitten schauen wir uns die häufigsten Anfängerfehler an und ich zeige dir, wie du diese umgehen kannst. Mit einer klugen Strategie, Disziplin und einem kühlen Kopf legst du den Grundstein für langfristigen Erfolg an der Börse. Lass uns direkt mit einem der wichtigsten Themen beginnen: dem Einfluss von Emotionen.

8.1   Emotionen nicht im Griff haben

„**Hin und her macht Taschen leer**" – wenn es einen Spruch gibt, den du dir als Börsenanfängerin merken solltest, dann diesen! Lass dich nicht von deinen Emotionen leiten, denn die haben an der Börse nichts verloren. Statt impulsiv zu reagieren, bleib lieber bei deiner gewählten Strategie und setz auf Ruhe und Disziplin, denn diese sind an der Börse oft der Schlüssel zum Erfolg. Wie der legendäre Börsenexperte, Autor und Börsenpsychologe André Kostolany einst sagte: „Der größte Fehler an der Börse ist, sich von Angst oder Gier treiben zu lassen." Wer bei jedem kleinen Kursrückgang nervös wird und hin und her handelt, macht nicht nur Fehler, sondern lässt auch die Gebührenkasse des Brokers klingeln. **Jede Transaktion kostet Geld.** Auch wenn die Gebühren heute niedriger sind als früher, gibt es da noch die Spreadkosten – die Differenz zwischen Kauf- und Verkaufskurs. Diese kleinen, oft unscheinbaren Kosten können deine Rendite ordentlich schmälern.

Abb. 8.1   Anfängerfehler beim Investieren: Emotionen

Wie gesagt, Emotionen (siehe ◉ Abb. 8.1) sind an der Börse die schlechtesten Ratgeber. Angst, Gier oder Euphorie führen oft zu spontanen Entscheidungen, die am Ende teuer werden. Ich vergleiche das ein bisschen mit der Ehe: Ich packe ja auch nicht gleich die Koffer, nur weil mein Mann mal schlechte Laune hat oder ich von ihm genervt bin. In solchen Momenten hilft es oft, einfach nichts zu tun und einen kühlen Kopf zu behalten – die Stimmung glättet sich von selbst. Genau wie an der Börse: Die Kurse schwanken, aber irgendwann beruhigt sich alles wieder. Ob in der Liebe oder an der Börse, Geduld und Disziplin sind die Schlüssel zum Erfolg. Es gibt Höhen und Tiefen, aber langfristig zahlt sich das Durchhalten aus. Ich bin nun seit 17 Jahren glücklich verheiratet und mit der Börse sieht es auch nicht schlecht aus.

Tipp: Eine einfache Möglichkeit, Emotionen zu vermeiden, ist das Einrichten eines **ETF-Sparplans oder Aktien-Sparplans.** Mit einem Sparplan investierst du regelmäßig und automatisch einen festen Betrag, unabhängig von den aktuellen Marktbedingungen.

FOMO (Fear of Missing Out)

Viele Anlegerinnen steigen bei steigenden Kursen in Panik ein, aus Angst, Gewinne zu verpassen – oft ein teurer Fehler.

- **Strategieloses Handeln:** Emotionen führen häufig dazu, dass Anlegerinnen planlos kaufen und verkaufen, statt einer langfristigen Strategie zu folgen.
- **Kurzfristiges Denken:** Wer nur auf kurzfristige Gewinne schaut, verpasst häufig die langfristigen Chancen, die solide Anlagen bieten.
- **Übermäßiges Vertrauen in Trends:** Sich von aktuellen Hypes leiten zu lassen, kann gefährlich sein.
- **Euphorie in Boomphasen:** Wenn die Märkte boomen und die Kurse scheinbar unaufhaltsam steigen, geraten viele Anlegerinnen in einen euphorischen Rausch. In dieser Phase ist die Versuchung groß, Risiken zu unterschätzen und immer mehr Geld in bereits stark gestiegene Aktien zu investieren. Doch genau das kann in der nächsten Marktkorrektur teuer werden.

Habe also keine Angst, wenn Aktienkurse fallen. Schwankungen gehören zum Alltag an den Börsen. Denke immer langfristig: Solide und gut aufgestellte Unternehmen sowie breit diversifizierte ETFs werden ihren Wert und damit auch ihren Aktienkurs bzw. Anteilspreis auf lange Sicht steigern. Halte an deiner Strategie fest und lass dich nicht von kurzfristigen Marktschwankungen verunsichern. Merke dir einfach: Emotionen und Börse passen einfach nicht zusammen. Behalte einen kühlen Kopf und lass dich von den täglichen Marktschwankungen nicht aus der Ruhe bringen. Denn am Ende gewinnen diejenigen, die geduldig und diszipliniert bleiben. Ganz nach dem Motto: Zeit ist deine Freundin und Emotion deine Feindin.

8.2   Keine Strategie haben

Ohne eine klare Strategie ist Investieren oft reine Glückssache – und Glück ist selten von Dauer. Wer planlos an die Börse geht, riskiert, von Marktschwankungen, Emotionen oder kurzfristigen Trends hin- und hergerissen zu werden. Dabei ist eine durchdachte Strategie ein guter Ratgeber an der Börse.

Die **Auswahl der passenden Anlagestrategie** hängt vor allem von deiner persönlichen Renditeerwartung, deiner Risikobereitschaft und deinem Anlagehorizont ab. Es ist ein bisschen wie die Partnerwahl. Es gibt den soliden Typen, der verlässlich und sicher ist – perfekt, wenn man auf Stabilität steht. Dann gibt es den aufregenden Draufgänger, der ein bisschen Risiko mitbringt, aber dafür die Chance auf große Gewinne, eindeutig der Bad Boy unter den Anlagestrategien. Kurz gesagt: Welche Strategie die richtige ist, entscheidet jeder individuell. Es gibt kein allgemeingültiges „richtig" oder „falsch", sondern nur das, was zu dir und deinen Zielen passt.

Welche Strategien gibt es?

1. **Buy-and-Hold-Strategie – Kaufen, halten, profitieren**
   Setze auf gute, solide Unternehmen oder breit diversifizierte ETFs, kaufe sie, und halte diese langfristig. Ein solides Unternehmen könnte **Apple** oder **Coca-Cola** sein. Diese Unternehmen haben bewiesen, dass sie historisch langfristig immer gestiegen sind. Alternativ kannst du in ETFs wie den MSCI World investieren, der weltweit die Aktien von über 1.400 Unternehmen abdeckt – das sorgt für Diversifikation. Sobald du deine Investments getätigt hast, widerstehe der Versuchung, ständig auf die Kurse zu schauen. Kursschwankungen gehören dazu, sind aber auf lange Sicht oft irrelevant. Lass deine Investments einfach arbeiten. Mit dieser Strategie vermeidest du häufige Handelskosten und profitierst von der langfristigen Wertentwicklung.

2. **Dividendenstrategie – Regelmäßiges Einkommen**
   Die Dividendenstrategie ist eine einfache und beliebte Methode, um an der Börse regelmäßig Geld zu verdienen. Dabei investierst du in Unternehmen, die einen Teil ihres Gewinns in Form von Dividen-

den an ihre Aktionäre auszahlen. Das Besondere: Du erhältst die Dividenden unabhängig vom Aktienkurs – also auch dann, wenn der Kurs mal sinkt. Was Dividenden sind, haben wir bereits ausführlich in ▶ Abschn. 3.3 behandelt. Falls du eine Auffrischung brauchst, kannst du jederzeit dorthin zurückspringen. Bei dieser Strategie geht es darum, in Unternehmen zu investieren, die bekannt dafür sind, zuverlässig und regelmäßig Dividenden auszuzahlen. Solche Firmen sind oft große, etablierte Konzerne, die schon lange erfolgreich am Markt sind. Ein Beispiel dafür ist auch hier wieder Coca-Cola – das Unternehmen zahlt seit Jahrzehnten Dividenden und erhöht sie regelmäßig. Ein weiteres gutes Beispiel ist Procter & Gamble, das Unternehmen steigert seine Dividenden ebenfalls Jahr für Jahr. Es gibt noch viele weitere Unternehmen, die attraktive Dividenden ausschütten. Hier lohnt es sich, selbst auf Entdeckungstour zu gehen und ein wenig zu recherchieren. Glaub mir, je mehr du die Welt der Börse verstehst, desto mehr Freude wirst du daran haben, auf Dividendenjagd zu gehen.

Auch wichtig zu wissen: die meisten Firmen zahlen ihre Dividenden entweder einmal im Quartal oder einmal im Jahr aus. Dieses Geld kannst du dann nutzen, wie du möchtest – vielleicht für deine Miete, die Raten deiner Immobilie oder einfach, um es wieder zu investieren und dein Vermögen noch weiter wachsen zu lassen. Wenn du ein paar solcher dividendenstarken Aktien oder einen Dividenden-ETF in deinem Portfolio hast, hast du eine verlässliche Einkommensquelle, die dir langfristig finanzielle Freiheit verschaffen kann.

Vorsicht: Lass dich von hohen Dividendenrenditen nicht täuschen – sie können ein Warnzeichen sein, dass es dem Unternehmen nicht gut geht. Achte lieber darauf, ob die Dividende nachhaltig ist. Unternehmen, die ihre Dividenden regelmäßig erhöhen, sind oft die bessere Wahl als solche, die eine hohe, aber gleichbleibende Dividende zahlen. Die Dividendenstrategie ist also eine entspannte und clevere Möglichkeit, ein regelmäßiges Einkommen zu erzielen und gleichzeitig langfristig Vermögen aufzubauen. Sie kombiniert Stabilität mit einer schönen Portion passivem Einkommen – was will man mehr?

3. Value-Strategie – Qualität zum Schnäppchenpreis

Die Value-Strategie, bekannt durch die Erfolge von Investorenlegenden wie Warren Buffett, konzentriert sich auf unterbewertete Unternehmen. Die Idee ist simpel: Kaufe Aktien von Unternehmen, deren aktueller Börsenkurs niedriger ist als ihr innerer Wert, und profitiere langfristig, wenn der Markt dieses Potenzial erkennt. Besonders in wirtschaftlich unsicheren Zeiten zahlt sich dieser Ansatz aus, da er auf Stabilität und Substanz setzt. [22]

Bei der Value-Strategie analysierst du in der Regel die Finanzkennzahlen eines Unternehmens auf Herz und Nieren. Es geht darum, die „Gesundheit" eines Unternehmens zu bewerten und Schnäppchen zu finden. Hier einige der wichtigsten Kennzahlen, die Value-Investoren verwenden:

- **Kurs-Gewinn-Verhältnis (KGV):** Diese Zahl zeigt, wie der Aktienkurs im Verhältnis zum Gewinn steht. Aktien mit einem niedrigen KGV gelten als günstig bewertet. Value-Investoren suchen häufig Aktien in den unteren 10–15 % des Marktes.
- **Debt-to-Equity-Ratio** (Schulden-Eigenkapital-Verhältnis): Diese Kennzahl zeigt, wie stark ein Unternehmen durch Schulden finanziert ist. Je niedriger diese Zahl, desto besser, da Value-Investoren keine Firmen mit hoher Verschuldung mögen. Ein Wert unter 1 ist ideal.
- Dann schaut man sich das **Aktuelle Verhältnis** an. Es zeigt, wie liquide ein Unternehmen ist – also, ob es kurzfristige Verpflichtungen mit seinen kurzfristigen Vermögenswerten decken kann. Das Umlaufvermögen sollte mindestens doppelt so hoch sein wie die kurzfristigen Schulden.
- **Dividendenrendite:** Diese Zahl zeigt, wie viel Dividende ein Unternehmen im Verhältnis zum Aktienkurs zahlt. Eine Dividendenrendite von mindestens 3-5 % gilt oft als attraktiv.[23]
- **Kurs-Buchwert-Verhältnis (KBV):** Dieses Verhältnis zeigt, ob der Aktienkurs eines Unternehmens im Vergleich zu seinem Buchwert günstig ist. Value-Investoren bevorzugen oft Aktien, deren Preis weniger als zwei Drittel des Buchwerts beträgt.

Ein hervorragendes Beispiel für eine Value-Aktie, die lange Zeit als unterbewertet galt, ist **Coca-Cola.** Warren Buffett erkannte in den

---

[22] Buffett, W. E. (1984).

[23] Uhr (2024).

1980er-Jahren die Gelegenheit und investierte zum günstigen Zeitpunkt. Coca-Cola hat ein bewährtes Geschäftsmodell, starke Markenbekanntheit und eine stabile Nachfrage – Kriterien, die perfekt in die Value-Strategie passen. Buffett investierte, weil er den inneren Wert des Unternehmens erkannte, der weit über dem damaligen Marktpreis lag. Seitdem hat sich die Aktie mehrfach im Wert gesteigert und bietet außerdem eine attraktive Dividende.[24] Die Value-Strategie ist nicht für kurzfristige Gewinne gedacht. Sie richtet sich an Anlegerinnen, die bereit sind, Zeit und Mühe in die Analyse von Unternehmen zu investieren. Geduld ist hier entscheidend, denn es kann Jahre dauern, bis der Markt den wahren Wert eines Unternehmens erkennt. Doch genau das macht diese Strategie so spannend – sie belohnt langfristiges Denken und strategisches Vorgehen.

Als jemand, der sich intensiv mit dieser Strategie beschäftigt und eine Master-Arbeit darüber verfasst hat, kann ich mit einfachen Worten zusammenfassen: Mit der **Value-Strategie kaufst du Qualität zum Schnäppchenpreis** und setzt auf nachhaltigen Erfolg statt auf kurzfristige Börsentrends. Warren Buffetts berühmtes Zitat bringt es auf den Punkt: „Price is what you pay, value is what you get" – „Der Preis ist das, was du bezahlst, der Wert das, was du bekommst."[25] Es geht nicht nur darum, günstig einzukaufen, sondern darum, den wahren Wert hinter dem Preis zu erkennen. Und wer das beherrscht, hat gute Chancen, langfristig solide Renditen zu erzielen.

4. Growth-Strategie

Die Growth-Strategie konzentriert sich auf Unternehmen mit hohem Wachstumspotenzial. Es handelt sich dabei oft um Unternehmen, die in innovativen und zukunftsorientierten Branchen tätig sind, wie beispielsweise Technologie, erneuerbare Energien, Biotechnologie, Künstliche Intelligenz (KI) oder E-Commerce. Anlegerinnen, die diese Strategie verfolgen, setzen darauf, dass die Unternehmen ihr Umsatz- und Gewinnwachstum in den kommenden Jahren stark steigern können, was sich auch in steigenden Aktienkursen widerspiegeln soll. Der Fokus liegt weniger auf dem aktuellen Unternehmenswert oder klassischen Kennzahlen wie dem Kurs-Gewinn-Verhältnis (KGV). Stattdes-

---

[24] Hayes (2023).
[25] Buffet (2008).

sen achten Growth-Investoren auf zukünftige Wachstumsperspektiven und Trends. Es geht darum, Unternehmen zu finden, die ihre Umsätze und Gewinne deutlich ausbauen können – häufig durch innovative Produkte, disruptive Technologien oder das Erschließen neuer Märkte.[26] Ein bekanntes Beispiel für ein wachstumsstarkes Unternehmen ist Tesla. Das Unternehmen ist Vorreiter im Bereich Elektrofahrzeuge und erneuerbare Energien und hat eine Schlüsselrolle in der globalen Energiewende eingenommen. In den letzten Jahren konnte Tesla seinen Umsatz und Absatz massiv steigern, neue Märkte erschließen und sich als Innovationsführer etablieren. Obwohl die Aktie zeitweise hoch bewertet ist, sehen viele Anleger darin ein Potenzial für weiteres Wachstum in einer sich verändernden Automobilindustrie. Ein weiteres prominentes Beispiel ist Nvidia. Das Unternehmen hat sich von einem klassischen Grafikprozessor-Hersteller zu einem führenden Anbieter von Hochleistungschips für Künstliche Intelligenz (KI), Rechenzentren und autonomes Fahren entwickelt.

Die Growth-Strategie eignet sich besonders für Anlegerinnen, die bereit sind, höhere Risiken einzugehen, um von großen Kursgewinnen zu profitieren. Sie erfordert jedoch eine gewisse Bereitschaft, die Markt- und Branchenentwicklung im Auge zu behalten und langfristig zu denken. Wer in innovative Unternehmen und Zukunftstechnologien investieren möchte, kann mit dieser Strategie viel erreichen – muss sich aber der Volatilität und der Unsicherheit bewusst sein. Growth-Investitionen sind nichts für schwache Nerven, können jedoch den Weg zu überdurchschnittlichen Renditen ebnen.

5. Mischstrategien

Wenn es um das Thema Geldanlage geht, muss es nicht immer entweder oder sein. Viele erfolgreiche Anlegerinnen kombinieren verschiedene Ansätze, um ihr Portfolio ausgewogen zu gestalten. Eine Mischstrategie ist wie das Schweizer Taschenmesser der Strategien. Eine Mischung aus Dividendenaktien, Wachstumsaktien und breit diversifizierten ETFs kann für viele die ideale Lösung sein. Du nimmst das Beste aus verschiedenen Ansätzen, um dein Geld optimal zu verteilen. Egal, ob du noch Anfängerin bist oder schon erste Erfahrun-

---

[26] Chen (2023).

gen gesammelt hast: Mit einer guten Mischung hast du die perfekte Grundlage, um dein Geld sicher und gewinnbringend anzulegen. Und das Beste daran? Du kannst jederzeit anpassen, was zu dir und deiner Lebenssituation passt!

Ich persönlich setze auf eine Kombination aus **Buy-and-Hold-** und der **Growth-Strategie** – und damit fahre ich bislang ganz gut. Aber jede Strategie ist so individuell wie die Menschen, die sie anwenden. Wichtig ist vor allem, eine klare Strategie zu haben und dieser treu zu bleiben. Wer ziellos investiert, läuft Gefahr, sich von Emotionen und kurzfristigen Trends leiten zu lassen – und das endet oft in Fehlern. Denk langfristig, pass deine Strategie an deine Ziele an, und bleib diszipliniert. Nur so legst du den Grundstein für nachhaltigen Erfolg an der Börse!

In ◉ Tab. 8.1 findest du eine Übersicht aller Anlagestrategien im direkten Vergleich. So kannst du besser einschätzen, welche Strategie zu deiner Persönlichkeit und deinen Zielen passt.

Tab. 8.1 Vergleich: Dividendenstrategie, Buy-and-Hold-Strategie, Growth-Strategie, Value-Strategie und Mischstrategie

	Buy-and-Hold-Strategie	Dividenden-strategie	Value-Strategie	Growth-Strategie	Misch-Strategie
ZIEL	Langfristiger Vermögens-aufbau – kaufen, entspannen und das Wachstum genießen	Regelmäßi-ge Einnah-men durch Dividenden – quasi wie eine monatli-che Gehalts-zahlung vom Unterneh-men	Kauf unter-bewerteter Aktien, um langfristig von Kursan-stiegen zu profitieren – der Schnäpp-chenjäger unter den Strategien	Maximierung des Kapitals durch starkes Wachstum – Risiko? Ja. Potenzial? Riesig	Balance zwischen Sicherheit, Wachstum und Diversi-fikation – das Schweizer Taschen-messer der Strategien
FOKUS	Kaufen und Halten gut ausgewählter Investments	Unterneh-men mit stabiler Dividenden-zahlung	Unterneh-men mit stabilem Geschäfts-modell, aber niedrigem Kurs im Ver-hältnis zu ihrem Wert	Wachstums-starke Unter-nehmen in innovativen Branchen	Eine Mi-schung aus allem: Dividenden, Wachstum, ETFs

	Buy-and-Hold-Strategie	Dividenden-strategie	Value-Strategie	Growth-Strategie	Misch-Strategie
VORTEILE	Wenig tun, langfristig profitieren – die entspannte Strategie	Regelmäßige, passive Einnahmen – wie ein kleines Extra-Gehalt	Möglichkeit, Qualität zu einem günstigen Preis zu kaufen – wer liebt nicht ein gutes Schnäppchen?	Große Gewinne möglich – wenn die Kurse durch die Decke gehen!	Gute Risikostreuung, Flexibilität und Anpassbarkeit – für alle Lebenslagen bereit
NACHTEILE	Schwankungen des Marktes müssen ausgesessen werden	Erträge können durch Wirtschaftskrisen sinken	Kurse können lange unterbewertet bleiben. Erfordert Geduld!	Hohe Kursschwankungen möglich – Verluste bei Rückschlägen nicht ausgeschlossen	Etwas komplexer, regelmäßige Überprüfung nötig
AUFWAND	Gering: Einmal auswählen, dann halten	Mittel: Analyse von Dividendenhistorien und Stabilität	Hoch: Benötigt Analyse von Kennzahlen wie KGV oder Buchwert	Hoch: Erfordert ständige Beobachtung und Marktkenntnisse	Mittel: Erfordert regelmäßige Anpassungen
ZEITRAHMEN	Langfristig – nichts für Sprinter, eher für Marathonläufer	Mittel- bis langfristig – die Strategie für Geduldige	Langfristig – Geduld ist hier der Schlüssel zum Erfolg	Mittel- bis langfristig – hier geht's schneller vorwärts, aber mit Risiko	Flexibel, abhängig von der individuellen Mischung
GEEIGNET FÜR	Anlegerinnen, die passiv investieren wollen und nicht ständig aktiv sein möchten	Anlegerinnen, die ein regelmäßiges Einkommen aus Dividenden suchen und langfristig denken	Geduldige und analytische Anlegerinnen, die gerne recherchieren und langfristig denken	Risikobereite Anlegerinnen, die auf hohes Wachstum und innovative Unternehmen setzen	Anlegerinnen, die flexibel bleiben wollen und von mehreren Ansätzen profitieren möchten
BEISPIEL	Apple, Microsoft (Langzeit-Wachstumsaktien)	Nestlé, Procter & Gamble, Coca-Cola	Coca-Cola (1980er), Berkshire Hathaway (Wertaktienführer)	Tesla, Amazon, Nvidia	Mischung aus Dividendenaktien, Wachstumswerten und ETFs

8.3   Keine Limits setzen

An der Börse ohne klare Limits zu handeln, ist wie Autofahren ohne Bremsen – früher oder später endet es unschön. Auch hier können wir wieder mit dem Beispiel Ehe vergleichen. Natürlich sollte man nicht sofort das Handtuch werfen, wenn es mal schwierig wird. Aber es gibt klare Grenzen, die man für sich selbst definieren sollte. Zum Beispiel ist für viele Menschen Fremdgehen ein klares No-Go und Grund genug, die Beziehung zu beenden. Genau so solltest du an der Börse klare Regeln für dich festlegen. Ohne fest definierte Grenzen für Verluste und Gewinne läufst du Gefahr, von Emotionen gelenkt zu werden – und das führt selten zu guten Entscheidungen. Emotionen können uns daran hindern, rationale Entscheidungen zu treffen – sei es in der Ehe oder an der Börse. Wer sich von Angst oder Hoffnung leiten lässt, läuft Gefahr, zu spät zu handeln oder an einer verlorenen Sache festzuhalten. Deshalb ist es entscheidend, vorher klare Grenzen zu setzen, um sich selbst zu schützen. Ein bisschen Drama gehört zwar zum Leben dazu, aber an der Börse lässt sich das gut in Schach halten.

Wir erinnern uns an den berühmt-berüchtigten Wirecard-Fall. Das Thema lief rauf und runter in den Medien. Ich kann mich noch gut daran erinnern, der Aktienkurs fiel immer weiter, doch viele Anleger hielten an ihren Positionen fest, weil sie dachten: „Es ist ein DAX-Unternehmen, hier kann doch nichts passieren." Doch wie wir wissen, das Gegenteil war der Fall. Viele verloren ihr Geld und mussten schmerzhaft lernen, dass auch große Namen nicht vor dem Absturz schützen. Während Buy and Hold grundsätzlich eine gute Strategie ist, kann es in bestimmten Situationen sinnvoller sein, sich vor großen Verlusten zu schützen, indem man rechtzeitig Grenzen setzt. Besonders dann, wenn der Markt optimistisch unterwegs ist, aber hinter den Kulissen eines Unternehmens etwas nicht stimmt. Nach dem Motto, nur weil es so schön glänzt, heißt das nicht, dass es Gold ist.

Warum ist es wichtig, Verluste zu begrenzen? Lass es mich an einem Beispiel zeigen.

> **Beispiel**
>
> Stellt dir vor, du hältst eine Aktie, die aufgrund schlechter Nachrichten um 10 % fällt. Um diesen Verlust wieder auszugleichen, müsste die Aktie um 11 % steigen – das scheint noch machbar. Doch was passiert bei größeren Verlusten? Eine Aktie, die 50 % an Wert verliert, muss sich um 100 % verdoppeln, um den Ausgangspreis, den sie bezahlt hatten, wieder zu erreichen. Bei einem Minus von 90 % müsste sich die Aktie sogar verzehnfachen (+900 %). Das ist in den meisten Fällen unrealistisch.

Wie drastisch Verluste ins Gewicht fallen und wie viel Aufholpotenzial nötig ist, zeigt die ◉ Abb. 8.2 eindrucksvoll. Deshalb ist es entscheidend, frühzeitig zu handeln, anstatt darauf zu hoffen, dass sich die Kurse irgendwann wieder erholen. Hoffen ist gut, aber eine kluge Strategie ist besser!

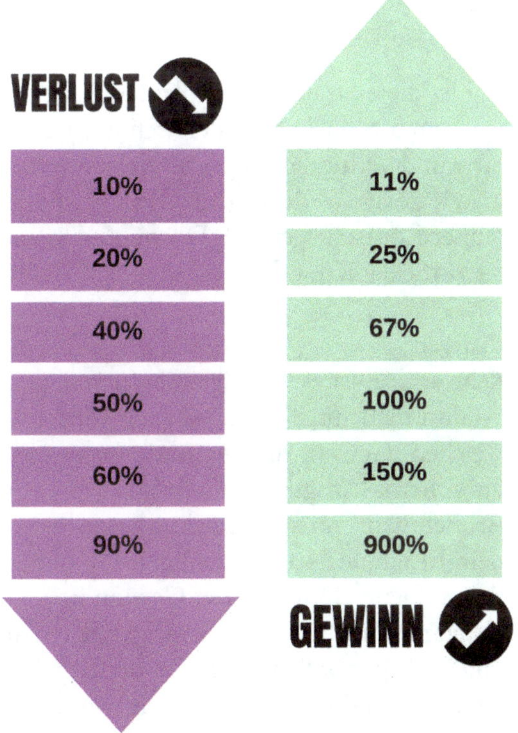

Abb. 8.2 Verlustausgleich

Drei wichtige Regeln für klare Limits:

1. Verluste begrenzen

Setze dir ein klares Limit, bei welchem Verlust du verkaufen möchtest. Zum Beispiel kannst du festlegen, dass du eine Aktie verkaufst, wenn der Kurs um 30 % fällt. Hier könntest du dir eine Stop-Loss-Order einrichten, indem du eine Verkaufsorder mit einem Stop-Loss-Kurs bei genau dieser Grenze platzierst. Was das genau bedeutet, haben wir bereits im vorherigen Kapitel besprochen.

> **Ein konkreteres Beispiel**
>
> Angenommen, du kaufst eine Aktie für 100 Euro. Um dein Risiko zu begrenzen, setzt du eine Stop-Loss-Order bei 70 Euro. Sobald der Kurs auf dieses Niveau fällt, wird die Aktie automatisch verkauft, um weitere Verluste zu verhindern.

Besonders wichtig ist diese Strategie bei volatilen Aktien mit hohem Risiko. Diese sogenannten Stop-Loss-Orders schützen dein Portfolio vor größeren Verlusten und verhindern, dass du dich von Panik oder Hoffnung leiten lässt. Wie gesagt, Verluste gehören an der Börse dazu, aber sie sollten niemals außer Kontrolle geraten. Du würdest ja auch nicht in ein brennendes Haus zurücklaufen, oder?

2. Gewinne realisieren

Auch im umgekehrten Fall ist es wichtig zu reagieren, denn Aktienkurse können steigen – und manchmal fallen sie auch wieder. Überlege daher im Voraus, ab welchem Gewinn du eine Aktie verkaufen möchtest, um deine Rendite zu sichern. Ein guter Ansatz ist, dein ursprüngliches Investment herauszunehmen und den Gewinn weiterlaufen zu lassen. So minimierst du dein Risiko und kannst dennoch von möglichen Kurssteigerungen profitieren. Denn ein realisierter Gewinn ist auch ein tatsächlicher Gewinn – Buchgewinne können genauso schnell verschwinden, wie sie gekommen sind. Ich persönlich nehme in der Regel mein ursprüngliches Investment heraus und investiere das freigewordene Kapital anderweitig. Zum Beispiel in einen ETF oder andere alternative Investitionen, die mein Portfolio sinnvoll ergänzen. Was alternative Investments sind, dazu kommen wir später. So bleibt mein Risiko überschaubar, während ich weiterhin von möglichen Gewinnen profitieren kann und gleichzeitig Spaß am Investieren habe.

Also merke dir: Ohne klare Grenzen lassen sich Emotionen nur schwer kontrollieren. Eine durchdachte Strategie mit festgelegten Limits sorgt dafür, dass du nicht nur Verluste begrenzt, sondern auch deine Gewinne optimal sicherst. Panik bei Verlusten oder Gier bei Gewinnen kann dazu führen, dass du unüberlegte Entscheidungen triffst. Klare Regeln und eine automatisierte Strategie hingegen geben dir Sicherheit und Struktur. Denke daran: Disziplin und ein kühler Kopf sind deine besten Verbündeten an der Börse. Niemand will in der Hitze des Moments sein gesamtes Geld aufs Spiel setzen – außer vielleicht beim Pokern, aber selbst da hat der Profi einen Plan!

Was du aus diesem Kapitel mitnehmen solltest:

Jetzt weißt du: Der Weg an die Börse ist kein Sprint, sondern ein Marathon – und mit der richtigen Haltung ist er gar nicht so kompliziert, wie viele denken. In diesem Kapitel hast du gelernt, welche typischen Fehler viele Anfängerinnen machen – und wie du clever und entspannt daran vorbeigehst.

💡 **Die wichtigsten Learnings im Überblick:**

- **Emotionen sind keine gute Anlageberatung:** Angst, Gier und FOMO führen oft zu hektischen Entscheidungen. Erfolgreiches Investieren braucht einen kühlen Kopf, Disziplin – und eine Portion Geduld.
- **„Hin und her macht Taschen leer"** – und das stimmt wirklich: Jede Transaktion kostet Geld. Weniger ist oft mehr – bleibe langfristig investiert.
- **Ohne Strategie wird's teuer:** Investieren ohne Plan ist wie Autofahren ohne Navi. Finde eine Strategie, die zu dir passt – und bleibe ihr treu.
- **Kenne deine Grenzen:** Verluste und Gewinne brauchen klare Limits. So behältst du die Kontrolle – auch in turbulenten Zeiten.
- **Sparpläne sind deine beste Freundin:** Sie nehmen dir Entscheidungen ab, schützen vor Emotionen und helfen dir, regelmäßig und automatisch Vermögen aufzubauen.
- **Langfristiges Denken zahlt sich aus:** Mit der Zeit, dem Zinseszinseffekt und etwas Ruhe wächst nicht nur dein Depot – sondern auch deine Gelassenheit als Investorin.

NOTIZEN

Die wichtigsten Punkte für mich:

9. Muss ich Steuern zahlen?

Zusammenfassung

In diesem Kapitel nehmen wir uns einem weniger beliebten, aber sehr wichtigen Thema an: Steuern beim Investieren. Du erfährst, welche Steuern auf Kapitalerträge wie Dividenden oder Aktiengewinne anfallen, wie du den Sparerpauschbetrag clever nutzen und mit einem Freistellungsauftrag bares Geld sparst. Außerdem lernst du, wie du Verluste gezielt einsetzen kannst, um deine Steuerlast zu senken – Stichwort „Verlustverrechnung". Ich kläre, was es mit dem Steuertopf auf sich hat und wie die sogenannte Vorabpauschale bei thesaurierenden ETFs funktioniert. Keine Sorge: Du brauchst keine Steuerexpertin zu sein – mit ein bisschen Wissen, guter Planung und ein paar smarten Tipps behältst du mehr von deinen Erträgen. Kurz gesagt: Dieses Kapitel hilft dir, dem Finanzamt nicht mehr zu geben als nötig – und sorgt dafür, dass du entspannt und steuerbewusst investieren kannst.

Kommen wir also zu einem unangenehmen Thema – Steuern. Ja, leider führt kein Weg daran vorbei, auch nicht beim Investieren. Egal, ob du Aktien, ETFs oder Tagesgeldkonten hast – das Finanzamt will immer ein Stück vom Kuchen. Aber keine Sorge, ich werde das Thema einfach erklären und die wichtigsten Punkte für dich verständlich zusammenfassen. In diesem Kapitel lernst du, wie du Steuern strategisch minimierst, Freibeträge maximal ausschöpfst und selbst aus Verlusten noch Vorteile ziehst.

Welche Steuern fallen an?

Sobald wir Gewinne machen – sei es durch den **Verkauf von Aktien** oder durch **Dividenden** – greift der Staat zu. In Deutschland gilt für Kapitalerträge die **Abgeltungssteuer** in Höhe von **25 %**. Zusätzlich kommen der **Solidaritätszuschlag** (5,5 % der Steuer) sowie ggf. die **Kirchensteuer** hinzu. Dadurch ergibt sich eine Gesamtsteuerbelastung von:

- 26,375 % für Nicht-Kirchensteuerzahler
- 27,99 % für Kirchensteuerpflichtige

Das bedeutet: Von jedem Euro, den du an der Börse verdienst, geht etwa ein Viertel an das Finanzamt. Das Beste daran: Du musst dich nicht selbst um die Steuerabführung kümmern. Deine Depotbank berechnet die fällige Steuer und überweist sie direkt ans Finanzamt. Das nennt sich **Quellensteuer.** Klingt unfair? Ist es auch – aber du kannst gegensteuern! Wichtig zu wissen ist: Solange du deine Aktien oder ETFs nicht verkaufst, musst du darauf auch keine Steuern zahlen. Nur wenn Gewinne realisiert werden, möchte das Finanzamt auch was davon haben. Ein Beispiel: Du hast die ABC-Aktie für 100 Euro gekauft, ihr Wert steigt auf 200 Euro, und du entscheidest dich, zu verkaufen. Genau in diesem Moment hält das Finanzamt die Hand auf und möchte ungefähr 26 % von deinem Gewinn haben. Hier könnte ein langfristiges Buy-and-Hold eine gute Strategie sein, um die Steuerlast hinauszuzögern und den Zinseszinseffekt optimal zu nutzen.

Der Freibetrag: Ein bisschen Steuerfreiheit gönnt man dir doch:
Zum Glück gibt es eine Art **Steuerbonus** für Sparer – sozusagen ein kleines „Danke schön" dafür, dass du dein Geld nicht unter der Matratze verstecken, sondern investierst. Dieser Bonus nennt sich **Sparerpauschbetrag.**

Das bedeutet: **Bis zu 1.000 Euro** an Kapitalerträgen sind für dich komplett steuerfrei – falls du allein unterwegs bist. Wenn du verheiratet oder in einer eingetragenen Partnerschaft bist, darfst du dich sogar über **2.000 Euro** freuen.

WELCHE STEUERN
FALLEN BEI AKTIEN/ETF AN?

ERTRÄGE
aus
Dividenden
Kursgewinne

FREIBETRAG
pro Jahr
1000€
für Singles
2000€
für Ehepaare

ERTRÄGE > FREIBETRAG

ABGELTUNGSSTEUR
25%
zzgl. Solidaritätszuschlag
+ ggf. Kirchensteuer

Das Ganze funktioniert so: Solange deine Gewinne unter dieser Grenze bleiben, interessiert sich das Finanzamt nicht für dein Geld. Doch sobald du darüber kommst, hält der Staat die Hand auf – aber nur für den Teil, der über den Freibetrag hinausgeht. Und genau darauf wird dann die **Abgeltungssteuer** fällig. Also clever planen und den Freibetrag voll ausnutzen!

Freistellungsauftrag: So sicherst du dir deinen Steuerfreibetrag:
Damit deine Bank nicht unnötig Steuern einbehält, solltest du jedes Jahr einen **Freistellungsauftrag** erteilen. Das geht einfach und schnell online bei deiner Depotbank. Wenn der Auftrag eingerichtet ist, bleiben Gewinne bis zum Freibetrag automatisch steuerfrei. Ohne Freistellungsauftrag zieht die Bank automatisch die Kapitalertragssteuer ab, selbst wenn du unter dem Freibetrag liegst. Das bedeutet, du musst dir das Geld später umständlich über die Steuererklärung zurückholen – ein unnötiger Aufwand!

9.1   Verlustverrechnung – Clevere Strategie gegen Steuern

Jetzt wird es interessant! Viele verkaufen nur Aktien, die im Plus sind – und zahlen brav die Steuer. Aber was passiert mit den Verlusten? Sie bleiben oft einfach im Depot liegen, ohne steuerlichen Nutzen.

Der clevere Move: **Verluste realisieren.** Verkaufe am Ende des Jahres Aktien, die im Minus sind, und kaufe sie kurz danach wieder. Dadurch entstehen geringe Transaktionskosten, aber die Verluste lassen sich mit den Gewinnen verrechnen. Das Ergebnis? Du zahlst weniger Steuern und bekommst sogar zu viel gezahlte Steuern zurück! Dieses Prinzip nennt sich **Tax-Loss-Harvesting**[27] und wird besonders von erfahrenen Anlegern genutzt. Wichtig dabei: Zwischen Verkauf und Rückkauf sollten mindestens **30 Tage** liegen, um Probleme mit der steuerlichen Anrechnung zu vermeiden.

---

[27] Kagan (2025).

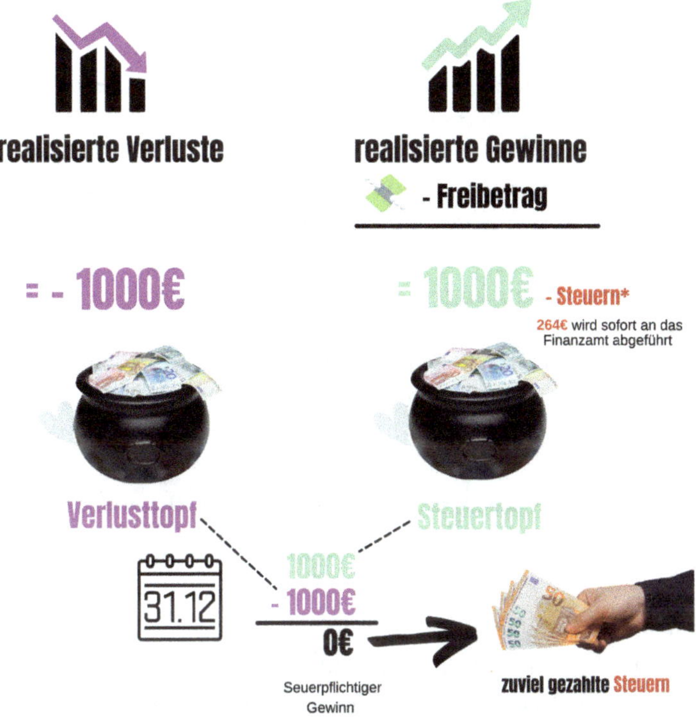

Abb. 9.1 Verlustrechnung

Wie funktioniert das mit dem Steuertopf?

Wenn du an der Börse Verluste realisierst – z. B. durch den Verkauf von Aktien unter ihrem Kaufpreis –, werden diese Verluste nicht einfach vergessen. Stattdessen kommen sie in den sogenannten Verlusttopf deines Depots. Dieser Verlusttopf wird von deiner Depotbank automatisch geführt und kann helfen, zukünftige Gewinne steuerlich auszugleichen (siehe ◉ Abb. 9.1).

- **Realisierter Gewinn (+1.000 Euro)**
  - Du verkaufst Aktien und machst dabei 1.000 Euro Gewinn.
  - Normalerweise müsstest du auf diesen Gewinn Steuern zahlen, weil du deinen Freibetrag schon ausgeschöpft hast.

- **Realisierter Verlust (-1.000 Euro)**
  - Am Ende des Jahres verkaufst du eine andere Aktie mit 1.000 Euro Verlust.
  - Dieser Betrag wandert direkt in den Verlusttopf deines Depots.

- Verrechnung mit dem Verlusttopf
  - Deine Bank gleicht automatisch Gewinn und Verlust aus:
  - 1.000 Euro Gewinn – 1.000 Euro Verlust = 0 Euro steuerpflichtiger Gewinn
  - → Da dein steuerpflichtiger Gewinn nun 0 Euro beträgt, wird die zuvor gezahlte Steuer zurückerstattet.

Erstattung zu viel gezahlter Steuern

Falls deine Bank bereits Steuern auf den Gewinn abgeführt hat, kannst du dir das Geld zurückholen. Dies geschieht entweder automatisch am Jahresende oder über deine Steuererklärung.

- **Steuertopf = Verlusttopf** → Alle Verluste werden mit Gewinnen verrechnet, volle Steuerrückerstattung!
- **Steuertopf < Verlusttopf** → Verluste werden ins nächste Jahr übertragen und können später genutzt werden.
- **Steuertopf > Verlusttopf** → Keine Rückerstattung mehr möglich.

Wenn du Verluste in einem Jahr nicht verrechnen kannst, werden sie automatisch ins nächste Jahr übertragen und können dort genutzt werden – sie verfallen also nicht. Anders sieht es beim Freibetrag aus: Dieser gilt nur für das laufende Jahr und verfällt, wenn er nicht genutzt wird. Deshalb ist es sinnvoll, den Freibetrag vollständig auszuschöpfen und Verluste am Jahresende gezielt zu realisieren. Falls dein Verlusttopf größer ist als die Gewinne, wird der überschüssige Betrag ins nächste Jahr übernommen und kann dann mit zukünftigen Gewinnen verrechnet werden.

Tipps – Worauf solltest du achten?

1. **Konzentriere dich auf größere Verluste:** Kleine Verluste bringen oft keinen großen steuerlichen Vorteil, sondern führen nur dazu, dass sich die Transaktionskosten summieren.

2. **Transaktionskosten im Auge behalten:** Je niedriger die Gebühren, desto effektiver die Steueroptimierung. Achte darauf, dass die Ersparnis nicht durch hohe Kosten aufgefressen wird.

3. **Liquidität berücksichtigen:** Aktien mit hohem Handelsvolumen haben geringere Spreads, was den Kauf und Verkauf effizienter macht.

4. **Depotübergreifende Verlustverrechnung:** Seit 2025 wird die automatische Verrechnung von Verlusten aus verschiedenen Depots durch die elektronische Steuererklärung vereinfacht. Dadurch lassen sich Steueroptimierungen leichter umsetzen.

5. **Verlustvorträge:** Neu ab 2025: Verluste können nur noch bis zu sieben Jahre vorgetragen werden. Plane deine Steuerstrategie entsprechend, damit ungenutzte Verluste nicht verfallen.

Step-by-Step: Dein Steuer-Check für das Jahr

1. **Januar:** Freistellungsaufträge aktualisieren.
2. **Mai:** Gewinnmitnahmen planen (den Freibetrag ausschöpfen!).
3. **Dezember:** Tax-Loss-Harvesting durchziehen (vor dem Jahresabschluss).

Steuererklärung – Lohnt sich das?

Ja! Wenn du mehrere Depots hast oder dein Einkommen unter dem Steuerfreibetrag liegt, kann sich eine Steuererklärung lohnen. Das Finanzamt erstattet oft zu viel gezahlte Steuern zurück.

Ein weiterer Pluspunkt: Falls du eine **Verlustbescheinigung** bei deiner Bank anforderst, kannst du Verluste auch in der Steuererklärung geltend machen, wenn du mehrere Depots hast. Dies lohnt sich besonders, wenn eine Bank bereits Gewinne versteuert hat, während eine andere Bank Verluste verzeichnet.

Fazit: Steuern gehören zum Investieren dazu – ob wir wollen oder nicht. Aber das bedeutet nicht, dass du dem Finanzamt mehr überlassen musst als nötig. Nutze deinen Freibetrag, stelle einen Freistellungsauftrag, und denke an die clevere Verluststrategie. So bleibt mehr Geld genau da, wo es hingehört: in deiner Tasche! Und das Beste daran? Du musst keine Steuerexpertin sein! Mit ein paar einfachen Kniffen kannst du Steuern sparen, dein Geld zurückholen und deine Finanzen schlauer managen – ganz ohne Kopfzerbrechen.

> 💡 **Wichtige Steuer-Facts zum Mitnehmen:**
>
> 1) Verluste verfallen nicht! Sie werden automatisch ins nächste Jahr übertragen und können später genutzt werden.
> 2) Freibeträge verfallen am Jahresende. Nutze sie rechtzeitig – sonst sind sie weg!
> 3) Verluste lassen sich nur mit Kapitalerträgen verrechnen. Das Finanzamt wird dir leider nicht erlauben, deine Börsenverluste mit dem Gehalt oder Mieteinnahmen auszugleichen.

Kurz gesagt: Steuern sind wie schlechtes Wetter – unvermeidbar, aber mit dem richtigen Schirm (sprich: Wissen) bleibst du trocken!

9.2   Steuern bei thesaurierenden ETFs – Die Vorabpauschale

Wie in ▶ **Kap.** 4 bereits kurz angesprochen, gibt es beim Investieren in ETFs steuerlich einen wichtigen Unterschied zwischen **ausschüttenden** und **thesaurierenden ETFs.** Während ausschüttende ETFs Dividenden direkt an dich auszahlen – worauf dann sofort Steuern fällig werden –, behalten thesaurierende ETFs diese Erträge im Fonds und reinvestieren sie automatisch. Das ist langfristig super für den Zinseszinseffekt, doch der Staat wartet natürlich nicht so lange auf seine Steuerzahlungen. Deshalb gibt es die **Vorabpauschale.**

Normalerweise fällt Steuer erst an, wenn du Gewinne realisierst, also den ETF mit Gewinn verkaufst. Doch bei thesaurierenden ETFs verlangt das Finanzamt bereits vorher eine kleine Vorauszahlung auf mögliche Wertsteigerungen. Diese sogenannte Vorabpauschale wird jedes Jahr zum **1. Januar** berechnet und basiert auf einer theoretischen Wertentwicklung – selbst wenn dein ETF in diesem Zeitraum gar keinen Gewinn gemacht hat oder sogar im Minus ist.

Glücklicherweise musst du dich nicht selbst darum kümmern, denn deine **Bank berechnet die Steuer automatisch** und führt sie ans Finanzamt ab. Falls du noch **Freibetrag übrighast**, wird die Steuer einfach darauf angerechnet und es entsteht keine zusätzliche Belastung. Ist dein Freibetrag jedoch bereits ausgeschöpft, wird die Steuer direkt von deinem Verrechnungskonto abgebucht.

Doch keine Sorge: Diese Vorauszahlung geht dir nicht verloren. Beim späteren Verkauf des ETFs wird die bereits gezahlte Vorabpauschale mit der Endbesteuerung verrechnet. Du zahlst also **nicht doppelt**, sondern einfach einen Teil im Voraus.

Was du aus diesem Kapitel mitnehmen solltest:

Auch wenn das Thema Steuern auf den ersten Blick trocken oder sogar abschreckend wirkt – es lohnt sich, genauer hinzuschauen. Denn mit ein wenig Wissen und Planung kannst du clever investieren und gleichzeitig deine Steuerlast minimieren. In diesem Kapitel haben wir gemeinsam die wichtigsten steuerlichen Aspekte rund ums Investieren verständlich aufgeschlüsselt.

💡 **Die wichtigsten Learnings im Überblick:**

- **Kapitalerträge wie Dividenden oder Kursgewinne sind steuerpflichtig,** sobald du diese realisierst – also beim Verkauf oder bei Ausschüttungen.
- **In Deutschland fällt auf Kapitalerträge die Abgeltungssteuer von 25 % an,** zuzüglich Solidaritätszuschlag und ggf. Kirchensteuer.
- **Der Sparerpauschbetrag** (1.000 Euro für Einzelpersonen, 2.000 Euro für Paare) ist dein jährlicher Steuerfreibetrag. Gewinne darunter bleiben steuerfrei.
- **Freistellungsauftrag nicht vergessen!** Sonst zieht die Bank automatisch Steuern ab – auch wenn du unter dem Freibetrag liegst.
- **Verluste sind kein Weltuntergang** – im Gegenteil: Du kannst diese gezielt zur Steueroptimierung nutzen. Diese Verluste landen automatisch im sogenannten Verlusttopf und können mit zukünftigen Gewinnen verrechnet werden. Sie verfallen nicht, sondern werden ins Folgejahr übertragen.
- **Thesaurierende ETFs** zahlen keine Dividenden aus, sondern reinvestieren sie. Dafür greift das Finanzamt über die Vorabpauschale jährlich auf einen Teil der theoretischen Gewinne zu – automatisch und ohne Mehraufwand für dich.
- **Steuererklärung lohnt sich,** besonders wenn du mehrere Depots oder nicht ausgeschöpfte Freibeträge hast. Auch über eine Verlustbescheinigung kannst du steuerlich profitieren.
- **Denke daran: Freibeträge verfallen,** wenn sie nicht genutzt werden. Also rechtzeitig planen und aktiv werden – zum Beispiel durch gezielte Gewinnmitnahmen vor Jahresende.

NOTIZEN

Die wichtigsten Punkte für mich:

10. Kosten beim Investieren – Ein kompletter Überblick

Zusammenfassung

In diesem Kapitel nehmen wir alle wichtigen Kosten unter die Lupe, die beim Investieren anfallen – verständlich, praxisnah und mit dem Ziel, deine Rendite zu schützen. Denn wer erfolgreich investieren will, sollte nicht nur auf Gewinne schauen, sondern vor allem auch auf die Kosten, die dabei entstehen. Hier findest du alle wichtigen Gebühren und Ausgaben, die du kennen solltest – von Ordergebühren über laufende ETF-Kosten (TER) bis hin zu versteckten Spreads. Außerdem klären wir, warum auch kleine Sparbeträge eine große Wirkung haben können und wie du selbst mit 25 Euro im Monat clever investierst, ohne dir von Gebühren die Rendite auffressen zu lassen. Zusätzlich werfen wir einen Blick auf Depotgebühren. Du erhältst Tipps zur Auswahl günstiger Anbieter und ich zeige dir anhand eines Rechenbeispiels, wie du durch bewusste Entscheidungen mehr aus deinem Geld machst.

Nachdem wir uns in den vorherigen Kapiteln bereits einzelne Kostenfaktoren genauer angesehen haben – darunter die **Spreads in ▶ Kap.** 2 und die **Depotkosten in ▶ Kap.** 6 – fassen wir in diesem abschließenden Kapitel noch einmal **alle relevanten Kosten zusammen**, die beim Investieren anfallen. Denn eins ist klar: **Jede Gebühr, die du vermeidest, steigert deine Rendite.**

1. Ordergebühren – Die Kosten für den Kauf und Verkauf

Jedes Mal, wenn du Wertpapiere kaufst oder verkaufst, verlangt dein Broker eine Gebühr für die Transaktion – die sogenannte **Ordergebühr**. Diese kann entweder als fester Betrag pro Order oder als prozentualer Anteil vom Ordervolumen erhoben werden. Einige Broker bieten Fixgebühren an, zum Beispiel 1 Euro pro Kauf oder Verkauf. Andere verlangen einen prozentualen Anteil, beispielsweise 0,2 % des Ordervolumens.

Was ist günstiger?

- Bei **kleinen Beträgen** lohnt sich eine **prozentuale Gebühr**, weil eine Fixgebühr prozentual zu hoch wäre. Beispiel: Bei einer 100 Euro-Investition wäre eine 1 Euro-Fixgebühr bereits 1 % der Anlagesumme – eine prozentuale Gebühr (z. B. 0,2 %) wäre deutlich günstiger.
- **Wer große Summen investiert**, profitiert von einer **Fixgebühr**, weil diese im Verhältnis zur Investitionssumme immer kleiner wird. Beispiel: Bei einer Investition von 10.000 Euro kostet eine 1 Euro-Fixgebühr nur 0,01 %, während eine prozentuale Gebühr von 0,2 % bereits 20 Euro kosten würde.

Viele **NeoBroker** bieten mittlerweile **gebührenfreie ETF-Sparpläne** an. Wer also regelmäßig investiert, sollte prüfen, ob sich Sparpläne lohnen, um Ordergebühren ganz zu vermeiden.

2. Laufende Kosten – Die TER (Total Expense Ratio)

Die **Total Expense Ratio (TER)** oder **Gesamtkostenquote** ist eine der wichtigsten Kennzahlen für ETF-Investoren. Sie gibt an, welche **laufenden Kosten** jährlich für die Verwaltung eines ETFs anfallen. Die TER wird nicht direkt von deinem Konto abgezogen, sondern ist bereits in der Wertentwicklung des ETFs berücksichtigt. Das bedeutet: Je niedriger die TER, desto mehr bleibt von deiner Rendite übrig.

Ein Beispiel

- Ein ETF mit **0,10 % TER** kostet dich **10 Euro pro Jahr pro 10.000 Euro investiertem Kapital**.
- Ein ETF mit **0,50 % TER** kostet bereits **50 Euro pro Jahr auf dieselbe Summe** – und das summiert sich über die Jahre.

Fazit: Je niedriger die TER, desto besser für deine langfristige Rendite.

Jetzt fragst du dich bestimmt: „Lohnt es sich dann überhaupt, mit kleinen Beträgen zu investieren?" Vielleicht denkst du, dass 25 Euro im Monat eher nach einem Trinkgeld für den Finanzmarkt klingen als nach einem echten Investment. Aber die **Antwort ist eindeutig: JA!** Warum? Weil auch kleine Beträge durch den Zinseszinseffekt mit der Zeit groß werden können. Lass mich dir erklären, warum selbst ein scheinbar bescheidener Sparbetrag zu einem echten Vermögen wachsen kann.

Exkurs

Angenommen, du richtest dir einen ETF-Sparplan ein, bei dem du jeden Monat 25 Euro in den MSCI World ETF investierst (siehe ⦿ Abb. 10.1).

Als durchschnittliche Sparplangebühr nehme ich 1,50 Euro an. Tatsächlich gibt es mittlerweile viele Depotbanken, die kostenlose Sparpläne anbieten.
- Monatliche Sparrate: 25 Euro
- Sparplangebühr (angenommen 1,50 Euro pro Ausführung)
- Anlagezeitraum: 20 Jahre (240 Monate)
- **Sparplangebühren (Orderkosten pro Ausführung):** 20 Jahre entsprechen 240 Monate x 1,50 Euro Gebühren = sind insgesamt = 360 Euro (Sparplangebühren)
- **Die Verwaltungsgebühren (TER)** betragen hier 230 Euro. Das kannst du in vielen Sparrechnerportalen[28] leicht ausrechnen lassen. Ganz wichtig, je höher die Sparrate desto hoher fallen am Ende die TER-Kosten an. Deshalb immer auf die Kosten (TER) achten.
- **Gesamtinvestition und Endwert:** Aus 6000 Euro, die man eingezahlt hat, wird trotz Kosten und Gebühren doppelt so viel. Klar, je höher die Sparrate, desto höher die Endsumme. Außerdem kannst du sehen, dass die Sparplangebühren, selbst bei kleinen Sparraten verkraftbar sind und bei größeren Sparraten zunehmend an Bedeutung verlieren.

Fazit: Auch wenn Gebühren existieren, lohnt sich das langfristige Investieren fast immer, da der Zinseszinseffekt über viele Jahre hinweg die Gebühren und Kosten „überkompensiert". Wichtig ist, dass du darauf achtest, einen ETF mit niedriger TER zu wählen, da höhere Kosten langfristig stark an deiner Rendite nagen können.

---

[28] justETF (2025) ETF-Sparplan-Rechner.

Abb. 10.1   Lohnt sich ein ETF-Sparplan auch bei kleinen Beträgen?

3. Spreads – Die versteckte Handelsgebühr

Wie bereits ausführlich in **Kapitel 5** beschrieben, entstehen Kosten auch durch die Differenz zwischen **Kauf- und Verkaufspreis** – den sogenannten **Spread**. Je größer dieser Spread, desto ungünstiger ist der Handel für dich.

Auffrischung:

- **Engere Spreads = Geringere Kosten**, daher am besten **zu den Haupt-börsenzeiten handeln**.
- Wer **außerhalb der Börsenzeiten** oder auf illiquiden Märkten handelt, zahlt oft drauf.

Falls du vergessen hast, was genau Spreads sind, oder dein Wissen noch einmal auffrischen möchtest, dann spring einfach zurück zu ▶ Abschn. 2.2. Dort findest du das Thema ausführlich dargelegt.

4. Depotgebühren – Nicht jeder Broker ist kostenlos

Nicht alle Broker bieten kostenlose Wertpapierdepots an. In **Kapitel 6** haben wir bereits ausführlich besprochen, worauf du bei den **Depotge-bühren** achten solltest.

Kurz:

- Viele moderne **Neo-Broker** bieten **kostenlose Depots** an.
- Klassische Filialbanken verlangen oft monatliche oder jährliche **De-potgebühren**.

Fazit: Wer ein Depot bei einer klassischen Bank hat, sollte prüfen, ob sich der Wechsel zu einem günstigeren Broker lohnt – was sich meistens tut, denn viele Direkt- und Neo-Broker bieten nicht nur kostenlose Depots, sondern auch deutlich niedrigere Ordergebühren und gebühren-freie ETF-Sparpläne.

Beim Investieren geht es nicht nur darum, Gewinne zu erzielen – sondern auch darum, Kosten zu vermeiden, die die Rendite schmälern. Wer diese Grundregeln beachtet, kann sein Portfolio effizienter aufbauen und langfristig mehr aus seinen Investments herausholen. Denn am Ende zählt nicht nur, wie viel du verdienst, sondern wie viel davon tatsächlich bei dir bleibt.

Was du aus diesem Kapitel mitnehmen solltest:

Investieren bedeutet nicht nur, das richtige Produkt auszuwählen – sondern auch, klug mit den Kosten umzugehen. Jede Gebühr, die du vermeidest oder reduzierst, steigert deine Rendite langfristig. In diesem Kapitel hast du gelernt, welche Kostenarten beim Investieren anfallen – und wie du diese strategisch im Griff behältst.

ϙ **Die wichtigsten Learnings im Überblick:**

- **Ordergebühren** fallen bei jedem Kauf oder Verkauf von Wertpapieren an. Fixgebühren lohnen sich eher bei hohen Beträgen, prozentuale Gebühren bei kleinen Summen. Viele Sparpläne sind mittlerweile gebührenfrei – ein echter Vorteil für langfristige Investorinnen.
- **Die TER (Total Expense Ratio)** zeigt dir die laufenden Kosten eines ETFs. Auch wenn 0,2 % zunächst wenig erscheinen – über viele Jahre und hohe Anlagesummen summiert sich das. Je niedriger die TER, desto mehr bleibt dir.
- **Auch kleine Sparbeträge lohnen sich!** Ein Sparplan mit nur 25 Euro im Monat kann über Jahrzehnte zu einem stattlichen Vermögen heranwachsen. Wichtig ist, konsequent dranzubleiben und auf günstige Produkte zu setzen.
- **Spreads** – also die Differenz zwischen Kauf- und Verkaufspreis – sind oft unsichtbare, aber reale Kosten. Handele möglichst zu den Hauptbörsenzeiten, um die Spreads klein zu halten.
- **Depotgebühren** sollten heute kein Muss mehr sein. Während klassische Banken oft noch Gebühren verlangen, bieten viele Neo-Broker kostenfreie Depots mit günstigen Konditionen – besonders für Einsteigerinnen ideal.

N O T I Z E N

Die wichtigsten Punkte für mich:

11. Glossar: Börsen-Slang

Zusammenfassung

In diesem Kapitel erwartet dich ein kompakter Überblick über die wichtigsten Begriffe aus dem Börsenalltag – verständlich, alltagstauglich und ohne Fachchinesisch. Begriffe wie Aktie, ETF, Spread oder Dividende begegnen dir beim Investieren immer wieder. Damit du dich im Börsen-Dschungel nicht verloren fühlst, findest du hier eine einfache und klare Erklärung der wichtigsten Begriffe, die dir beim Investieren begegnen werden. Und weil Lernen mit Bildern manchmal leichter fällt, gibt es bei manchen Begriffen auch eine passende Abbildung – ganz nach meinem Lieblingsmotto: Ein Bild sagt mehr als 1.000 Worte.

Wer sich mit der Börse beschäftigt, wird schnell mit einer Vielzahl an Fachbegriffen konfrontiert. Einige davon habe ich bereits erwähnt und erklärt. Damit du den Durchblick behältst, fasse ich diese und noch einige weitere wichtige Begriffe aus dem – wie ich ihn gerne nenne – Börsen-Slang hier zusammen und erkläre sie auf leicht verständliche Weise.

- **Aktie:** Ein Wertpapier, das einen Anteil an einem Unternehmen repräsentiert. Wer eine Aktie besitzt, ist Miteigentümer des Unternehmens.
- **Aktiensplit:** Ein Unternehmen kann sich dazu entscheiden, seine Aktien zu splitten, um den Kurs optisch günstiger erscheinen zu lassen. Beispielsweise wird bei einem Split im Verhältnis 1:2 eine Aktie im

Wert von 100 Euro in zwei Aktien zu je 50 Euro aufgeteilt, ohne dass sich der Gesamtwert des Depots ändert.

- **Anleihe:** Eine Art Kredit, den du Staaten oder Unternehmen gibst. Du erhältst dafür regelmäßig Zinsen (Kupons) und bekommst am Ende der Laufzeit dein Geld zurück.
- **Bärenmarkt** (Baisse): Eine Phase mit stark und anhaltend *fallenden* Kursen. Das Gegenteil der Bullenmarkt (Hausse).
- **Blue Chips:** Aktien von großen, etablierten und finanziell starken Unternehmen mit hoher Marktkapitalisierung. Diese Unternehmen gelten als stabil und zuverlässig.
- **Briefkurs (Kaufkurs):** Der Preis, zu dem du eine Aktie kaufen kannst.
- **Bullenmarkt** (Hausse): Eine Phase anhaltend steigender Kurse. Das Gegenteil der Bärenmarkt (Baisse).
- **Candlestick:** Eine spezielle Darstellungsform von Kursverläufen im Chart. Eine einzelne „Kerze" zeigt, wie sich der Kurs eines Wertpapiers in einem bestimmten Zeitraum entwickelt hat (Eröffnung, Hoch, Tief, Schlusskurs; ◉ Abb. 11.1). Besonders beliebt bei der technischen Analyse.
- **DAX (Deutscher Aktienindex):** Umfasst die 30 umsatzstärksten Unternehmen, die in Deutschland an der Börse gelistet sind.
- **Depot:** Dein digitales Lager für Wertpapiere wie Aktien, ETFs oder Fonds (Ihr Einkaufswagen).
- **Diversifikation:** Bedeutet, dein Geld auf verschiedene Anlageklassen, Branchen oder Regionen zu streuen. So senkst du das Risiko und schützt dein Portfolio vor Schwankungen.
- **Dividende:** Die Gewinnausschüttung eines Unternehmens pro Aktie. Sie wird an die Aktionäre gezahlt.
- **Emissionspreis:** Der Preis, zu dem eine neu ausgegebene Aktie erstmals angeboten wird.
- **ETF (Exchange Traded Fund):** Ein börsengehandelter Fonds, der meist einen Index (z. B. den DAX oder S&P 500) nachbildet.
- **Geldkurs (Verkaufskurs):** Der Preis, zu dem du eine Aktie verkaufen kannst.
- **Inflation:** Wenn die Preise für Produkte und Dienstleistungen steigen, verliert das Geld an Wert (◉ Abb. 11.2). Um sich vor Inflation zu schützen, kann man in Sachwerte wie Aktien, ETFs, Immobilien oder wertstabile Anlagegüter investieren.

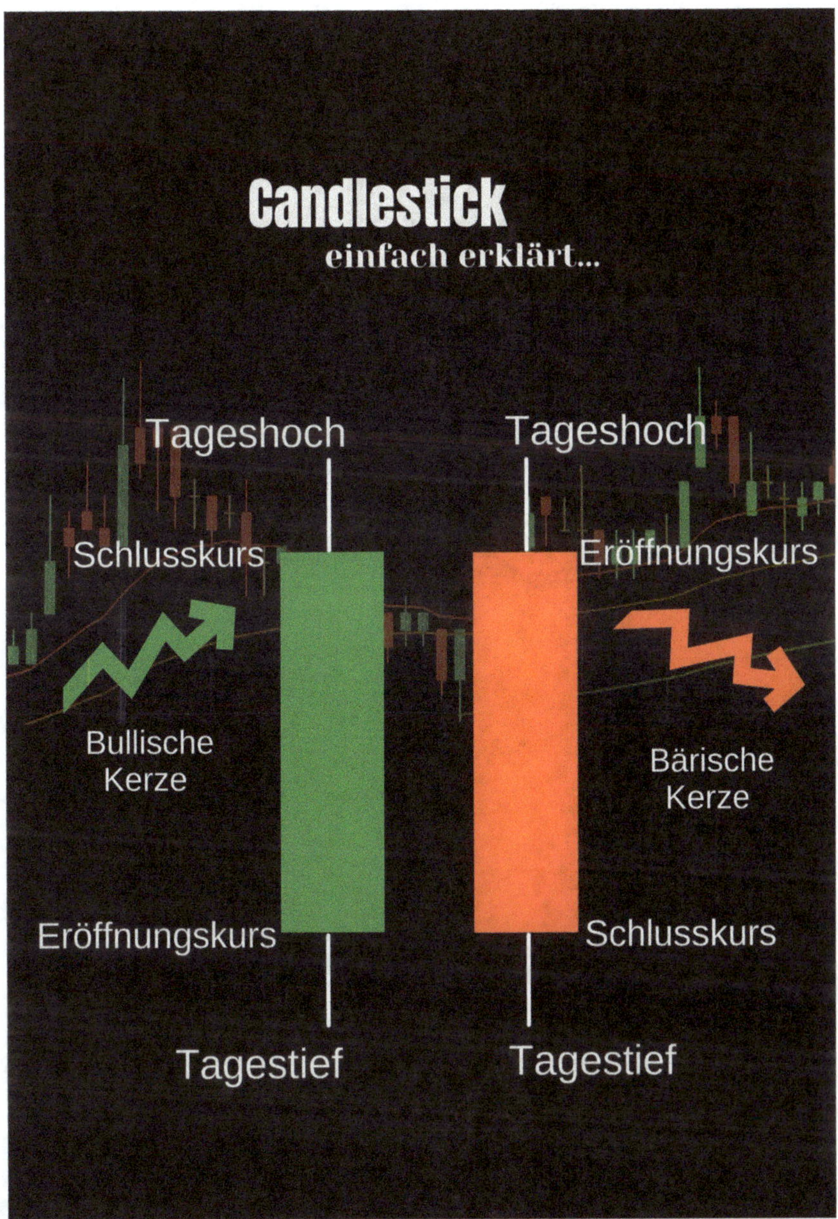

Abb. 11.1   ### Bildunterschrift einfügen ###

Abb. 11.2   ### Bildunterschrift einfügen ###

- **IPO (Initial Public Offering):** Der Börsengang eines Unternehmens – also der erste öffentliche Verkauf von Aktien.
- **KGV (Kurs-Gewinn-Verhältnis):** Eine wichtige Kennzahl zur Beurteilung von Aktien. Sie gibt an, wie oft der Gewinn eines Unternehmens im aktuellen Aktienkurs enthalten ist.
- **Korrektur:** Ein Rückgang des Kurses eines Wertpapiers, Marktes oder Indizes um etwa 10–20 % wird als Korrektur bezeichnet. Fällt der Kurs jedoch um mehr als 20 %, spricht man von einem Bärenmarkt. Korrekturen sind an der Börse normal und können von wenigen Tagen bis zu mehreren Monaten dauern. Langfristige Investorinnen nutzen Korrekturen oft als Chance für Nachkäufe.
- **Kurs:** Der Preis, zu dem ein Wertpapier aktuell an der Börse gehandelt wird. Er verändert sich laufend durch Angebot und Nachfrage.
- **Long:** Bezeichnet das Kaufen einer Aktie in der Erwartung, dass der Kurs steigen wird.
- **Marktkapitalisierung:** Der Gesamtwert aller ausgegebenen Aktien eines Unternehmens. Sie wird berechnet, indem der Aktienkurs mit der Anzahl der ausgegebenen Aktien multipliziert wird.
- **Nasdaq:** Die größte elektronische Börse in den USA, bekannt für Technologieunternehmen.
- **NYSE (New York Stock Exchange):** Die größte Börse der Welt, ansässig in den USA.
- **Ordergebühr:** Die Gebühr, die beim Kauf oder Verkauf von Wertpapieren über einen Broker anfällt.
- **Pennystocks:** Aktien von sehr kleinen Unternehmen mit einem niedrigen Aktienkurs, oft unter 1 Euro. Sie sind risikoreich, da sie stark schwanken können und oft wenig reguliert sind.
- **Rendite:** Der Ertrag Ihrer Geldanlage – kann durch Kursgewinne, Dividenden oder Zinsen entstehen.
- **Short:** Bezeichnet das Verkaufen einer Aktie (oft geliehen), um sie später günstiger zurückzukaufen und einen Gewinn zu erzielen.
- **Spread:** Die Differenz zwischen dem Kaufkurs und dem Verkaufskurs. Dies ist die Gebühr oder der Gewinn der Händler.
- **Stop-Buy-Order:** Ein Kaufauftrag, der automatisch ausgeführt wird, wenn ein bestimmter Preis erreicht wird.

- **Stop-Loss-Order:** Ein Verkaufsauftrag, der automatisch ausgeführt wird, wenn ein festgelegter Preis erreicht wird. Dient dazu, Verluste zu begrenzen.
- **Volatilität:** Misst die Intensität der Schwankungen eines Wertpapierpreises oder eines Index um den eigenen Mittelwert (◉ Abb. 11.3). Eine hohe Volatilität wird mit einem höheren Risiko gleichgesetzt, da die Kurse stark schwanken. Eine niedrige Volatilität bedeutet, dass die Kurse stabiler sind und das Risiko geringer ist.

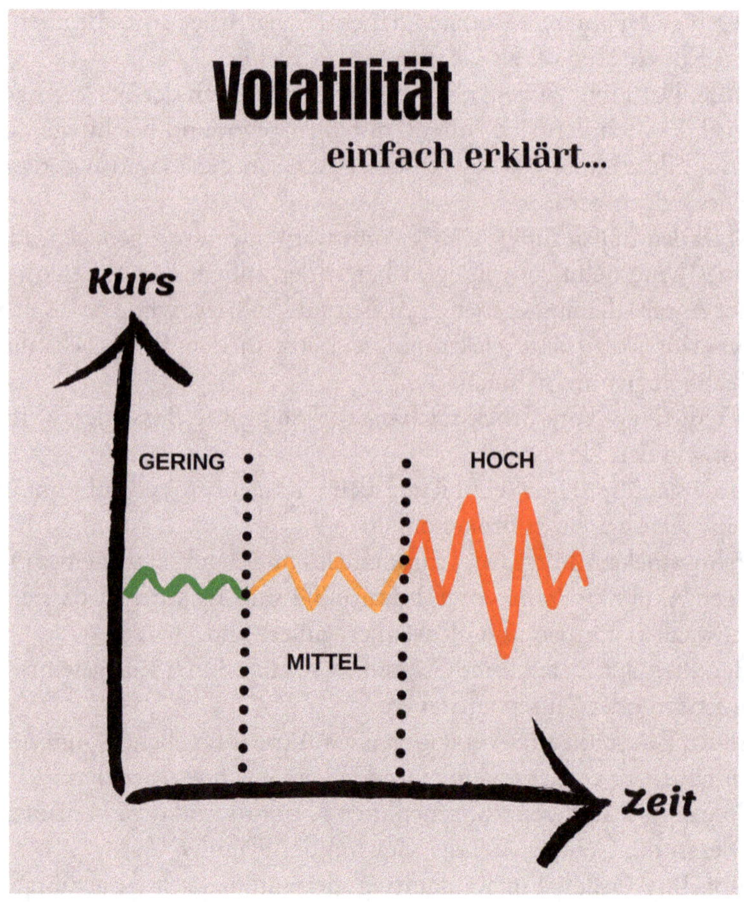

Abb. 11.3   Volatilität

- **Xetra:** Die größte elektronische Börse in Deutschland.
- **YTD (Year to Date):** Eine Kennzahl, die die Performance eines Investments seit Jahresbeginn bis zum aktuellen Datum misst.

Mit diesen Begriffen hast du eine solide Grundlage, um die Sprache der Börse besser zu verstehen. Natürlich gibt es noch viele weitere Fachbegriffe, aber mit diesen hier kannst du bereits gut durchstarten!

NOTIZEN

Die wichtigsten Punkte für mich:

12. Alternative Investments: Designer-Taschen

Zusammenfassung

In diesem Kapitel entdeckst du eine ungewöhnliche, aber stilvolle Form der Geldanlage: Designer-Handtaschen. Ob Birkin, Kelly, Chanel Timeless, Lady Dior oder Louis Vuitton Speedy – sie alle haben eines gemeinsam: Sie sind nicht nur luxuriöse Accessoires, sondern auch spannende Alternativen zu klassischen Investments wie Aktien oder Gold. Du erfährst in diesem Kapitel, warum bestimmte Modelle im Wert steigen, welche Marken besonders begehrt sind und worauf du beim Kauf achten solltest. Dabei geht es nicht nur um Ästhetik, sondern auch um Knappheit, Markenpolitik und Nachhaltigkeit. Ein smarter Einstieg in die Welt der alternativen Investments.

Es gibt viele Möglichkeiten, sein Geld gewinnbringend anzulegen und das nicht nur an der Börse. Neben klassischen Investments wie Aktien, Anleihen, ETFs und Immobilien sowie den in den letzten Jahren immer beliebter gewordenen Kryptowährungen wie Bitcoin, gibt es auch alternative Wertanlagen. Dazu gehören Uhren, Oldtimer, Wein und Whiskey oder Kunst. Und dann gibt es noch eine Anlageklasse, die oft unterschätzt wird und vor allem von Männern ungern als solche gesehen wird: Designer-Taschen! Oder wie ich sie gerne nenne „Investment Bags". Sie können sich als Wertanlage genauso gut rentieren, wenn nicht sogar besser. Tatsächlich gibt es eine interessante Studie, die die Wertentwicklung von US-Aktien, Gold und Birkin Bags über 35 Jahre verglichen hat. Das überraschende Ergebnis war, dass die Birkin Bag besser abschnitt als Aktien und Gold. Selbst in Zeiten wirtschaftlicher Unsicherheiten bleibt ihr Wert stabil und die Preise steigen kontinuierlich.[29] Natürlich bedeutet das nicht, dass du mit Designer-Taschen automatisch reich wirst. Aber durch eine smarte Kaufentscheidung hast du wenigstens ein Produkt, das seinen Wert langfristig hält oder sogar an Wert gewinnt. So kann man sich ganz nebenbei gegen die unvermeidliche Inflation absichern. Wenn ich also eine Tasche kaufe, dann nicht nur, weil sie schön ist, sondern weil sie ihren Wert über Jahre hält. Nach zehn Jahren kann ich sie mindestens zum gleichen Preis oder oft sogar mit Gewinn weiterverkaufen. Das ist für mich eine Investement Bag. Das ist das Mindset des Investierens und es lässt sich auf fast alles übertragen. Dabei spielt auch Nachhaltigkeit eine große Rolle, nicht nur in Bezug auf Mode, sondern auch auf die Anlageentscheidungen. Für mich bedeutet nachhaltiges Investieren mehr als nur finanzielle Rendite. Es geht darum, soziale und ökologische Aspekte zu berücksichtigen. In diesem Kontext sehe ich Luxusartikel wie Designer-Taschen als eine spannende nachhaltige Investment-Option. Denn hier geht es nicht nur um Konsum, sondern um langfristige Werterhaltung und Wertsteigerung. Besonders im Bereich von Designer-Taschen besteht das Potenzial, dass diese an Wert gewinnen. Die Kombination aus Qualität, renommierter Marke und begrenzter Verfügbarkeit trägt dazu bei, dass klassische Modelle von Marken wie Chanel, Louis Vuitton und Hermès zeitlos sind und über die Jahre hinweg begehrt bleiben. Im Vergleich zu Massenprodukten sind sie langlebig und können über Generationen hinweg Freude bereiten.

Vielleicht weißt du noch gar nicht, dass in deinem Kleiderschrank wahre Schätze schlummern. Aber genau darum geht es in diesem Kapitel. Da meine eigene Investment-Story mit Designer-Taschen begann, möchte ich dir hier im letzten Kapitel des Buches einen kurzen Einblick in diese besondere Anlagestrategie geben. Ich zeige dir einige ausgewählte Modelle, die tatsächlich eine lohnende Investition sind. Außerdem erfährst du, worauf du beim Kauf achten solltest und wie du dein Geld stilvoll und wertbeständig anlegen kannst.

Legen wir los mit ein paar der begehrtesten Modelle und warum sie sich als Investment lohnen.

---

[29] Baghunter (2016).

Hermès
Birkin
Hermès
Kelly
Chanel
Timeless Classic
Gucci
Jackie
Dior
Lady Dior
Louis Vuitton
Speedy
Welche Tasche eignet sich als Investment Bag?

12.1 Hermès Birkin Bag – Die Königin der Taschen

Wenn es um Luxus geht, gibt es Handtaschen und dann gibt es die **Hermès Birkin Bag.** Sie ist nicht nur ein Statussymbol, sondern auch ein Investment, das mit Aktien und Gold locker mithalten kann. Klingt verrückt? Ist es aber nicht! Hier erkläre ich, warum eine Birkin nicht nur deinen Kleiderschrank, sondern auch dein Portfolio aufwertet. Ganz einfach: **Knappheit und Exklusivität.** Hermès macht es seinen Kundinnen nicht gerade leicht, eine Birkin zu ergattern. Sie wird nur in begrenzten Stückzahlen hergestellt, und nicht jeder darf eine kaufen. Kein Onlineshop, keine Warteliste, keine Garantie – du brauchst Geduld, eine gute Beziehung zu Hermès oder die Bereitschaft, auf dem Zweitmarkt tiefer in die Tasche zu greifen. Dieses „Hard-to-Get"-Prinzip macht sie umso begehrenswerter und treibt die Preise in die Höhe.

Eine Studie von **Baghunter**[30] hat es schwarz auf weiß bewiesen: Die Birkin Bag hat in den letzten 35 Jahren eine durchschnittliche Wertsteigerung von **14,2 % pro Jahr** erzielt. Damit schlägt sie nicht nur Aktien (S&P 500: 8,7 %), sondern auch Gold. Und das Beste? Ihr Preis ist **noch nie gefallen!** Das heißt, egal wann du eine gekauft hast, du hättest damit nie Verlust gemacht. Wie viele Investments können das von sich behaupten? Kaufst du eine neue Birkin direkt bei Hermès (Glückwunsch, falls du eine bekommst!), zahlst du aktuell etwa **10.600 Euro**[31]. Auf dem Zweitmarkt kann sie jedoch für **das doppelte** weiterverkauft werden. Und wenn es sich um eine besonders seltene oder exklusive Farbe handelt? Dann sind vierfache Gewinne keine Seltenheit.

Während klassische Geldanlagen in Krisenzeiten schwanken, bleibt die Birkin stabil oder steigt sogar im Wert. Inflation? Interessiert sie nicht. Wirtschaftskrisen? Sieht sie gelassen. Eine gut gepflegte Birkin ist also nicht nur ein modisches Statement, sondern auch ein cleverer Schutz gegen Kaufkraftverlust. Neben der finanziellen Rendite gibt es noch einen weiteren Vorteil: **Nachhaltigkeit.** Während Fast Fashion nach ein paar Monaten aus der Mode kommt, bleibt eine Birkin jahrzehntelang wertvoll. Sie wird weitervererbt, gesammelt und gehandelt, statt auf dem Müllberg zu landen. Nachhaltig investieren heißt eben nicht nur in

---

[30] Baghunter (2016).

[31] Die Preise variieren je nach Leder und Größe.

ETFs und erneuerbare Energien, sondern auch in zeitlose Handwerkskunst. Ein eindrucksvolles Beispiel dafür: Die erste Birkin-Tasche von Jane Birkin selbst wurde kürzlich für 10 Millionen US-Dollar versteigert – ein Rekordpreis, der den Stellenwert dieser Taschen als Wertanlage eindrucksvoll unterstreicht.[32]

Kurz gesagt: **Ja!** Ihre Knappheit, der steigende Marktwert und die ungebrochene Nachfrage machen sie zu einer der spannendsten alternativen Wertanlagen. Wenn du eine Birkin besitzt, hast du also nicht nur eine verdammt schöne Tasche, sondern auch eine, die mit hoher Wahrscheinlichkeit im Wert steigt. Und mal ehrlich: Wer sagt schon nein zu einem Investment, das man stilvoll tragen kann? Die Birkin ist mehr als nur eine Tasche, sie ist ein Statussymbol, ein Wertgegenstand und eine clevere Anlagestrategie in einem. Wer sein Geld smart anlegen will, sollte nicht nur über Immobilien und Aktien nachdenken, sondern auch über eine **Investment Bag**. Denn seien wir ehrlich: Eine Birkin macht einfach mehr Spaß als eine Aktie!

12.2 Hermès Kelly Bag – Die elegante Schwester

Die Kelly Bag stammt ebenfalls von Hermès und gilt als elegante Schwester der Birkin. Während die Birkin eher geräumig ist, überzeugt die Kelly mit ihrer klassischen Form und dem berühmten Riemenverschluss. Beide Taschen sind Luxusobjekte und haben sich als wertvolle Investitionen bewährt.

Berühmt wurde die Kelly Bag durch die Schauspielerin und spätere Fürstin von Monaco, Grace Kelly. In den 1950er Jahren nutzte sie die Tasche, um ihre Schwangerschaft vor der Presse zu verbergen. Seitdem ist die Kelly ein Symbol für zeitlose Eleganz und ein begehrtes Sammlerstück.

Der Preis für eine neue Kelly 25 liegt derzeit bei etwa 8.950 Euro.[33] Doch auf dem Sekundärmarkt kann sie auch locker das Doppelte einbringen. Besonders gefragt sind neutrale oder seltene Farben oder Modelle aus exotischen Ledern. Während der Pandemie, als viele Märkte eingebrochen sind, ist die Nachfrage nach Hermès-Taschen um 430 % gestiegen[34]. Das zeigt, wie wertstabil diese Tasche ist.

---

[32] FashionUnited (2025).

[33] Ivy (2025).

[34] Leonhardt (2024).

Der Wert einer Kelly steigt aus den gleichen Gründen wie der einer Birkin. Das Angebot ist begrenzt und die Nachfrage hoch. Wer eine Kelly besitzt, kann sie sofort mit Gewinn weiterverkaufen. Exklusive Editionen wie die Himalaya Kelly können sogar mehr als 250.000 Euro kosten.

Wer also eine Tasche sucht, die nicht nur schön, sondern auch wertbeständig ist, liegt mit einer Kelly genauso richtig. Sie ist ein Klassiker der Modewelt und eine Investition, die sich lohnt.

12.3 Chanel Timeless – Der Klassiker

Die Klassiker aus dem Hause Chanel gelten genauso mittlerweile als sichere Geldanlage. Die Chanel 2.55 gehört zu den berühmtesten und meistverkauften Modellen der Welt und hat in den letzten zehn Jahren eine beeindruckende Preissteigerung erlebt. Ursprünglich wurde die Tasche 1955 von Coco Chanel entworfen und revolutionierte mit ihrem Kettenriemen und dem praktischen Verschluss die Modewelt. Später entwickelte Karl Lagerfeld das Design weiter und kreierte die **Chanel Timeless – eine Neuauflage der 2.55**, die heute zu den begehrtesten Taschen in der Modewelt gehört. Seit dem Tod von Lagerfeld ist die Nachfrage nach der Timeless weiter gestiegen. Während der Pandemie legten die Preise für Designer-Taschen zusätzlich zu. Dass die Preise für Luxusgüter stetig steigen, ist nicht ungewöhnlich. Die großen Luxuskonzerne wie LVMH oder Kering verzeichnen seit Jahrzehnten Umsatzzuwächse, die doppelt so hoch sind wie die Inflation. Chanel erreichte 2023, ein Jahr nach der Pandemie, den höchsten Umsatz und operativen Gewinn seiner Geschichte.[35]

Ein Blick auf die Preisentwicklung zeigt, warum diese Taschen als lohnende Investition gelten: 2010 lag der Preis einer Chanel 2.55 bei rund 2.500 Euro. Heute kostet sie etwa 10.300 Euro[36] – eine Steigerung von über 300 %. Wer im Jahr 2010 eine Chanel Timeless Classic für 2.500 Euro gekauft hat, könnte sie heute auf dem Sekundärmarkt für etwa 5.000 Euro verkaufen, was einer Wertsteigerung von **100 %** entspricht. Das ist eine beeindruckende Rendite für eine gebrauchte Tasche.

---

[35] Scott (2024).

[36] Chanel (2025).

Die Chanel 2.55 hat seit ihrer Markteinführung eine Preissteigerung von **über 4.500 % erlebt.** Während sie in den 1950er Jahren für rund 220 Euro erhältlich war, liegt ihr aktueller Preis im Jahr 2025 bei 10.300 Euro. Wer also nicht nur eine stilvolle Tasche, sondern auch eine clevere Investition sucht, sollte Chanel definitiv in Betracht ziehen. Allerdings ist zu beachten, dass der Wert von Luxusgütern wie Handtaschen stark von Faktoren wie Zustand, Seltenheit und Markttrends abhängt. Nicht jede Tasche behält oder steigert ihren Wert, und der Weiterverkauf erfordert oft Geduld und Fachwissen. Doch basierend auf meinen Erfahrungen der letzten 20 Jahre kann ich sagen, dass Chanel regelmäßig die Preise anhebt, sodass selbst eine Tasche aus der aktuellen Kollektion in einigen Jahren an Wert gewinnen kann.

12.4 Lady Dior – Die royale Ikone der Modewelt

Nach Chanel kommt eine weitere Ikone ins Spiel: die Lady Dior. Sie ist nicht so schwer zu bekommen wie eine Birkin oder Kelly, gehört aber dennoch zu den zeitlosen Klassikern. Genau das macht sie zu einer unterschätzten Investment Bag. Während andere Taschen durch ihre Knappheit im Wert steigen, überzeugt die Lady Dior durch konstante Nachfrage, regelmäßige Preiserhöhungen und ihre ungebrochene Beliebtheit bei Sammlern und Modekennern. Wer klug investiert, weiß, dass es nicht nur um Hype geht, sondern um langfristige Wertsteigerung und Stabilität – und genau das bietet die Lady Dior. Diese Tasche hat Geschichte. 1995 wurde sie von Dior eingeführt, damals noch unter dem Namen „Chouchou", was so viel wie „Liebling" bedeutet. Doch erst als Prinzessin Diana sie immer wieder bei offiziellen Anlässen trug, bekam sie ihren ikonischen Namen. Seitdem gilt sie als Symbol für Eleganz und Stil. Anders als viele Trendtaschen bleibt die Lady Dior immer relevant – genau das macht sie zu einem Investment, das sich lohnt.[37]

Warum ist die Lady Dior eine kluge Wertanlage? Zum einen ist sie zeitlos. Dior setzt nicht auf extreme Trendwechsel, sondern auf ein klassisches Design, das immer gefragt bleibt. Das berühmte „Cannage"-Steppmuster, die stabilen Henkel und die charakteristischen „D.I.O.R"-An-

---

[37] Dior (2025).

hänger machen sie unverkennbar. Zudem wird jede Tasche in aufwendiger Handarbeit gefertigt, was ihre Qualität sichert. Das bedeutet: Wer eine Lady Dior gut pflegt, kann sie Jahre später immer noch zu einem guten Preis verkaufen.

Ein Blick auf die Preisentwicklung zeigt das Potenzial: **2018** kostete eine kleine Lady Dior noch **2.950 Euro.** Drei Jahre später waren es bereits **3.500 Euro, und heute, 2025, liegt der Preis bei 5.500 Euro.** Eine ständige Wertsteigerung, die sich sehen lassen kann. Besonders limitierte Editionen oder Modelle aus exotischem Leder erzielen auf dem Sekundärmarkt sogar Preise über 20.000 Euro. Selbst Vintage-Modelle aus den 90ern sind begehrt und gewinnen an Wert.

Dior erhöht regelmäßig die Preise seiner Produkte, um die Exklusivität der Marke zu wahren. Allein zwischen 2020 und 2023 stieg der Preis der kleinen Lady Dior um 50 %. Diese Preiserhöhungen machen bereits gekaufte Taschen wertvoller und schützen die Investition vor Inflation. Die Lady Dior ist einer der gefragtesten Artikel auf Plattformen wie Vestiaire Collective, The RealReal oder Rebag. Gut erhaltene Taschen erzielen oft 90 % des ursprünglichen Kaufpreises, manchmal sogar mehr, insbesondere bei limitierten Editionen oder seltenen Farben. Die starke Nachfrage auf dem Secondhand-Markt unterstreicht ihren Status als lohnende Investition.[38]

Verglichen mit der Birkin oder der Chanel Timeless ist die Lady Dior eine etwas erschwinglichere, aber ebenso wertstabile Alternative. Während die Birkin durch extreme Knappheit punktet, überzeugt die Lady Dior durch stetige Nachfrage und regelmäßige Preiserhöhungen. Luxus-Handtaschen, insbesondere ikonische Modelle wie die Lady Dior, haben sich in den letzten Jahren als wertstabile Anlageklasse etabliert. Die Lady Dior gehört zu den Modellen, die regelmäßig ihre Preise erhöhen, was sie zu einer sicheren Investition macht. Eine im Jahr 2010 gekaufte Lady Dior könnte heute bereits einen deutlich höheren Wiederverkaufswert haben. Kurz gesagt: Die Lady Dior ist nicht nur eine elegante Tasche, sondern auch eine smarte Wertanlage. Ihre kontinuierliche Preissteigerung, ihr ikonischer Status und ihre hohe Qualität machen sie zu einer lohnenden Alternative zu Aktien oder anderen Anlageformen. Wer eine gut erhaltene Lady Dior besitzt, hat also nicht nur ein wunderschönes Accessoire, sondern auch ein Investment, das über die Jahre an Wert gewinnt.

---

[38] Bain & Company (2024).

"Kaufe nicht viel,
aber sei sicher, dass
das was du kaufst,
gut ist."

- Christian Dior -

12.5 Louis Vuitton Speedy 30 –
Die perfekte Einstiegs-Investment-Bag

Falls du dich noch an den Anfang des Buches erinnerst, wie ich erzählt habe, wie ich angefangen habe zu investieren – die Speedy war meine erste Tasche, bei der ich die Erfahrung gemacht habe, dass eine Handtasche ein Investment sein kann. Wenn du in die Welt der Investment-Bags einsteigen möchten, ist die **Louis Vuitton Speedy 30** genau die richtige Wahl. Sie ist zeitlos, begehrt und hat eine beeindruckende Wertsteigerung. Die Speedy 30 wurde in den **1930er Jahren** eingeführt und markierte Louis Vuittons Debüt in der Welt der Handtaschen. Berühmt wurde sie durch die ikonische Audrey Hepburn in „Frühstück bei Tiffany". Mit ihrem einfachen und zeitlosen Design und ihrem Ikonenstatus in der Modewelt ist sie mittlerweile ein absolutes Must-Have. Heute ist die Tasche ein Klassiker und eine der bekanntesten Handtaschen der Welt. Warum ist die Speedy 30 eine kluge Investition? Ganz einfach: Sie wird immer teurer! 2004 lag ihr Preis noch bei etwa 400 Euro, sechs Jahre später waren es schon 760 Euro. Heute (2025) kostet sie rund **1.650 Euro** – ein Wertzuwachs von 300 %. Das bedeutet, dass eine gut erhaltene Speedy auf dem Secondhand-Markt problemlos weiterverkauft werden kann, oft mit Gewinn. Diese Erfahrung habe ich bereits vor Jahren gemacht, als ich meine bei Ebay verkauft habe. Ein großer Vorteil: **Louis Vuitton macht keine Rabatte oder Sales**[39]. Die Marke hält ihre Preise stabil und erhöht sie regelmäßig. Das bedeutet, dass eine einmal gekaufte Tasche mit hoher Wahrscheinlichkeit an Wert gewinnt. Und anders als viele andere Marken hat Louis Vuitton **keine Outlets**. Wer also eine Speedy günstiger haben möchte, muss sich auf **Secondhand-Plattformen** wie Vestiaire Collective oder The RealReal umsehen. Dort kannst du echte Schätze finden – und das oft günstiger als im Store. Warum ist die Speedy so beliebt? Ganz einfach: Sie ist die perfekte Mischung aus Stil und Funktion. Ihr zeitloses Design passt zu allem – egal ob Business-Look oder Jeans und Sneaker. Das Monogram Canvas ist so robust, dass es selbst einen wilden Shopping-Trip oder den Inhalt einer halben Hausapotheke übersteht. Und das Beste? Sie ist wie ein schwarzes Loch für Handtaschenliebhaber – es passt

---

[39] Louis Vuitton (2025).

immer noch etwas rein. Kein Wunder, dass Promis und Influencer sie gerne tragen. Sie hat ein **zeitloses Design**, das zu allem passt, eine **robuste Qualität**, weil das Monogram Canvas nahezu unverwüstlich ist, und den **Promi-Faktor**, denn Stars wie Audrey Hepburn, Sarah Jessica Parker oder Rihanna lieben sie. Ihre **Wertsteigerung** ist konstant, und ihr **Ikonen-Status** als eine der ersten Designer-Handtaschen macht sie zu einem begehrten Investmentstück. Wie holst du das Beste aus deiner Speedy als Investment heraus? Der **Zustand zählt** – je besser die Tasche erhalten ist, desto mehr kannst du beim Verkauf erzielen. **Besondere Modelle** sind wertvoller, denn limitierte Editionen steigen oft am stärksten im Wert. **Alles aufbewahren** lohnt sich, denn Staubbeutel, Box und Rechnung machen die Tasche wertvoller. Die **klassische Größe** wie die Speedy 30 ist die gefragteste Version und am leichtesten zu verkaufen. Kurz gesagt: Die Louis Vuitton Speedy 30 ist nicht nur eine wunderschöne Tasche, sondern auch eine smarte Investition. Ihr Wert steigt stetig, sie bleibt immer gefragt, und du kannst sie täglich tragen und trotzdem später mit Gewinn verkaufen. Eine bessere Einstiegs-Investment-Bag gibt es kaum!

12.6 Gucci Jackie – Die stilvolle Alternative für Investment-Einsteigerinnen

Wenn es um ikonische Handtaschen geht, darf die **Gucci Jackie** natürlich nicht fehlen. Sie ist nicht nur ein modisches Must-have, sondern auch eine großartige Option für alle, die in Designer-Taschen investieren möchten, ohne gleich 6.000 Euro oder mehr auszugeben. Ursprünglich wurde sie 1961 unter dem Namen G1244 Gucci. eingeführt – eine interne Bezeichnung bei Gucci. Erst später erhielt sie ihren heutigen Namen, inspiriert von **Jackie Kennedy**, die die Tasche häufig trug und sie zu einem ihrer Signature Pieces machte.[40] Die Gucci Jackie hat im Laufe der Jahre viele Wandlungen durchlebt. Designer wie Tom Ford, Alessandro Michele und aktuell Sabato De Sarno haben ihr immer wieder ein modernes Update verpasst, ohne ihren ikonischen Charakter verloren gehen zu lassen. Die neueste Version, mit dem markanten Hook-Verschluss und dem luxuriösen roten Innenleder – inspiriert vom Savoy Hotel in London – macht sie

---

[40] Vogue (2023).

gefragter denn je. Sie kombiniert klassische Eleganz mit modernen Elementen und bleibt ein zeitloses Symbol für Stil und Luxus – das ist das erste Zeichen für eine Investment Bag. Ein Blick auf die Preisentwicklung zeigt, warum die Jackie eine kluge Wahl für Investment-Neulinge ist. Vor nicht einmal fünf Jahren lag der Preis für ein vergleichbares Modell noch bei **1.500–1.700 Euro**. Heute (2025) kostet die **Jackie Small bereits rund 3.200 Euro**, und Gucci hat kürzlich erneut die Preise angezogen. Diese konstante Wertsteigerung zeigt, dass die Jackie nicht nur eine stilvolle Ergänzung der Garderobe ist, sondern auch eine lohnende Investition.

Warum ist die Gucci Jackie so beliebt? Sie hat ein **ikonisches Design**, das über Jahrzehnte hinweg aktuell geblieben ist. Sie ist **praktisch und elegant zugleich**, mit einer Größe, die sowohl für den Alltag als auch für schickere Anlässe passt. Prominente wie Harry Styles, Cate Blanchett oder Dakota Johnson lieben sie, was ihren Kultstatus weiter stärkt. Dazu kommt ihre Wertbeständigkeit – Gucci hebt bei ihren Klassikern regelmäßig die Preise an, und gut erhaltene Modelle lassen sich problemlos auf Plattformen wie Vestiaire Collective oder The RealReal weiterverkaufen. Gucci hat zum Beispiel eine Kooperation mit Vestiaire Collective, bei der man alte Gucci-Taschen direkt in den Store bringen kann. Diese werden dann an Vestiaire Collective geschickt, wodurch der Verkaufsprozess erleichtert wird und geringere Gebühren als üblich fällig werden. Falls du in eine Designertasche investieren möchtest, ohne direkt eine fünfstellige Summe auszugeben, ist die Jackie eine perfekte Wahl. Sie vereint Stil, Geschichte und eine beeindruckende Wertsteigerung – kurz gesagt eine smarte Investition für jede Garderobe!

12.7 Designertaschen – Mehr als nur schöne Accessoires

Designertaschen sind längst nicht mehr nur ein modisches Accessoire, sondern haben sich als eine echte Alternative zu klassischen Wertanlagen etabliert. Während Aktien, Anleihen im Depot nur einfach rumliegen, bieten Investment Bags eine spannende Kombination aus Funktionalität, Wertstabilität und Exklusivität. Besonders Modelle von Hermès, Chanel und Louis Vuitton haben über Jahre hinweg bewiesen, dass sie nicht nur stilvolle Begleiter sind, sondern auch erhebliche Wertsteigerungen erzielen können.

Eine der größten Stärken von Designertaschen als Investment liegt in ihrer Beständigkeit. Während Mode schnelllebig ist und viele Trends nur kurz im Rampenlicht stehen, gibt es bestimmte Klassiker, die über Jahrzehnte hinweg gefragt bleiben. Taschen wie die Hermès Birkin, die Chanel Timeless oder die Louis Vuitton Speedy haben sich als zeitlose Ikonen etabliert und erfreuen sich auch auf dem Zweitmarkt hoher Beliebtheit. Ein weiterer entscheidender Faktor für die Wertentwicklung ist die Preispolitik der großen Luxusmarken. Laut Studien von Knight Frank und Bain & Company steigen die Preise für Luxus-Handtaschen jährlich um durchschnittlich 13 %.[41] Häuser wie Hermès, Chanel und Louis Vuitton haben in den letzten Jahren kontinuierlich die Preise ihrer Produkte erhöht. Das bedeutet, dass eine Tasche, die vor zehn Jahren gekauft wurde, heute oft ein Vielfaches des ursprünglichen Kaufpreises wert ist. Da diese Marken zudem keine Rabatte oder Sales anbieten, bleibt die Preisstabilität erhalten, was sie zu einer verlässlichen Anlageform macht.

Die steigende Nachfrage nach Secondhand-Designertaschen trägt zusätzlich zur Attraktivität dieser Anlageform bei. Viele Menschen möchten sich eine Luxustasche leisten, können oder wollen jedoch nicht den vollen Neupreis zahlen. Dadurch entsteht ein stetig wachsender Markt für gut erhaltene Vintage-Modelle. Wer eine Tasche über Jahre pflegt, kann sie oft mit Gewinn weiterverkaufen – manchmal sogar für das Doppelte oder Dreifache des ursprünglichen Preises.

Worauf man bei der Auswahl einer Investment Bag achten sollte
Nicht jede Designertasche eignet sich als Wertanlage. Es gibt bestimmte Kriterien, die eine Tasche zu einem lohnenden Investment machen:

1. **Marke und Modell** – Klassiker mit langer Geschichte und anhaltender Nachfrage sind die sicherste Wahl. Taschen von Hermès, Chanel und Louis Vuitton haben sich als besonders wertstabil erwiesen.
2. **Farbe und Material** – Dezente, neutrale Farben wie Schwarz, Beige oder Cognac verkaufen sich besser als auffällige Trendfarben. Hoch-

---

41 Bain & Company (2023).

wertige Materialien wie Leder oder limitierte Editionen aus exotischen Materialien sind oft besonders begehrt.

3. **Limitierte Verfügbarkeit** – Modelle, die nur in geringen Stückzahlen produziert werden oder schwer zu bekommen sind, erzielen auf dem Zweitmarkt oft Höchstpreise.

4. **Zustand und Zubehör** – Eine Tasche, die gut gepflegt wird und mit Originalverpackung, Rechnung und Staubbeutel verkauft wird, kann einen deutlich höheren Wiederverkaufswert erzielen.

5. **Preisentwicklung und Markenstrategie** – Marken, die regelmäßig ihre Preise anheben und keine Rabatte gewähren, sind besonders interessant, da sie den Wert ihrer Produkte aktiv schützen.

Eine der Besonderheiten von Designertaschen als Investment ist, dass sie nicht nur einen finanziellen Wert haben, sondern auch eine persönliche Freude bereiten. Während Aktien oder Immobilien oft abstrakte Werte sind, kann man eine Luxustasche tatsächlich nutzen und sich an ihrem Design und ihrer Qualität erfreuen. Diese sogenannte „Nutzungsrendite" darf nicht unterschätzt werden – sie bedeutet, dass man nicht nur von einer möglichen Wertsteigerung profitiert, sondern auch ein luxuriöses Accessoire besitzt, das Stil und Prestige verleiht.

In einer Zeit, in der Nachhaltigkeit eine immer größere Rolle spielt, sind hochwertige Designertaschen auch aus ökologischer Sicht eine sinnvolle Investition. Während Fast Fashion-Produkte oft nach wenigen Monaten entsorgt werden, können Luxustaschen über Jahrzehnte hinweg getragen, weiterverkauft oder sogar an die nächste Generation weitergegeben werden. Damit leisten sie einen Beitrag zur Reduzierung von Abfall und fördern einen bewussteren Umgang mit Mode.

Stilvoll investieren mit Weitblick

Designertaschen bieten eine einzigartige Möglichkeit, finanzielle Sicherheit mit Ästhetik und Freude zu verbinden. Sie sind nicht nur ein Ausdruck von Luxus, sondern auch eine Wertanlage, die durch clevere Auswahl und gute Pflege erhebliche Renditen erzielen kann. Wer in die richtigen Modelle investiert, profitiert von steigenden Preisen, hoher Nachfrage auf dem Secondhand-Markt und dem Vergnügen, ein echtes Luxusstück zu besitzen.

Ob als Ergänzung zum Investment-Portfolio oder als erster Schritt in die Welt der alternativen Geldanlagen – Designertaschen zeigen, dass Mode und Finanzstrategie durchaus Hand in Hand gehen können. Wer mit Bedacht wählt und langfristig denkt, kann mit einer Investment Bag nicht nur seinen Stil unterstreichen, sondern sich auch eine wertstabile Anlage sichern. Und mal ehrlich: Gibt es eine schönere Art, Geld zu investieren, als es am Arm zu tragen?

Was du aus diesem Kapitel mitnehmen solltest:

Designer-Handtaschen sind weit mehr als nur modische Begleiter – sie können eine clevere, wertstabile und gleichzeitig stilvolle Investition sein. Besonders ikonische Modelle von Marken wie Hermès, Chanel, Louis Vuitton, Dior oder Gucci haben über Jahre hinweg bewiesen, dass sie sich durch Knappheit, Qualität und Markenstärke hervorragend als alternative Wertanlagen eignen.

💡 **Wichtige Punkte, die du dir merken solltest:**

- **Taschen wie die Hermès Birkin oder Chanel Timeless haben in der Vergangenheit sogar Aktien oder Gold outperformt.**
- **Wertstabilität:** Die Kombination aus begrenztem Angebot, hoher Nachfrage und regelmäßigen Preiserhöhungen treibt den Wert ausgewählter Modelle stetig nach oben.
- **Wiederverkauf:** Besonders gut erhaltene Stücke mit Originalverpackung, Rechnung und Staubbeutel lassen sich auf dem Secondhand-Markt mit Gewinn verkaufen.
- **Nachhaltigkeit** spielt auch hier eine Rolle: Hochwertige Taschen werden über Generationen weitergegeben – das schont Umwelt und Geldbeutel.
- **Die sogenannte „Nutzungsrendite"** macht das Investieren in Handtaschen besonders attraktiv – denn wo sonst lässt sich ein Investment so stilvoll im Alltag einsetzen?

Ob als Ergänzung zu klassischen Anlagen oder als erster Schritt in die Welt der alternativen Investments: Designertaschen zeigen, dass Finanzstrategie und Modebewusstsein wunderbar zusammenpassen – und dabei sogar richtig Spaß machen können.

NOTIZEN

Die wichtigsten Punkte für mich:

Literaturverzeichnis

Bain & Company (2023) Long live luxury: Converge to expand through turbulence. https://www.bain.com/insights/long-live-luxury-converge-to-expand-through-turbulence/. Zugegriffen: 23. März 2025.

Bain & Company (2024) Following a record year, the stalled luxury goods market faces a dilemma between catering to top clientele and reaching new audiences amid ongoing complexities. https://www.bain.com/about/media-center/press-releases/2024/following-a-record-year-the-stalled-luxury-goods-market-faces-a-dilemma-between-catering-to-top-clientele-and-reaching-new-audiences-amid-ongoing-complexities/. Zugegriffen: 23. März 2025.

Baghunter (o. J.) Chanel Bag Values Research Study. https://www.baghunter.com/. Zugegriffen: 23. März 2025.

Baghunter (2016): Hermes Birkin Values Research Study. https://baghunter.com/pages/hermes-birkin-values-research-study. Zugegriffen: 26.08.2025

boerse.de (2024) Dividenden DAX-Aktien. https://www.boerse.de/dividenden/dax-aktien. Zugegriffen: 23. März 2025

Buffett W, Cunningham LA (Hrsg.) (2015) The Essays of Warren Buffett: Lessons for Corporate America (4. Aufl.). Carolina Academic Press

Buffett W (2008) Berkshire Hathaway Inc. Shareholder Letter 2008. https://www.berkshirehathaway.com/letters/2008ltr.pdf. Zugegriffen: 31. Juli 2025

Chanel (2025) Klassische 11.12 Tasche – Lammleder & goldfarbenes Metall. https://www.chanel.com/de/mode/p/A01112Y0129594305/klassische-11-12-tasche-lammleder-goldfarbenes-metall/. Zugegriffen: 23. März 2025.

Chen J (2023) Capital growth strategy. Investopedia. https://www.investopedia.com/terms/c/capitalgrowthstrategy.asp. Zugegriffen: 23. März 2025.

Dior (2025) Iconic Lady Dior. https://www.dior.com/en_us/fashion/bags/iconic-lady-dior. Zugegriffen: 23. März 2025.

EFAMA (2024) Active vs Passive Fund Performance: Sector-based analysis of European equity UCITS. https://e-fundresearch.com/research/artikel/53538-efama-studie-aktiv-vs-passiv-im-sektoren-vergleich. Zugegriffen: 21. März 2025.

FashionUnited (2024) Umsatzrekord: Chanel kratzt 2023 an der 20-Milliarden-Marke. https://fashionunited.de/nachrichten/business/umsatzrekord-chanel-kratzt-2023-an-der-20-milliarden-marke/2024052256581. Zugegriffen: 23. März 2025.

FashionUnited (2025) The 10 million dollar bag: Original Birkin smashes records at Paris auction. Verfügbar unter: https://fashionunited.com/news/fashion/the-10-million-dollar-bag-original-birkin-smashes-records-at-paris-auction/2025071067093. Zugegriffen: 31. Juli 2025.

Forbes (2024) Der Kult um das Unnötige. https://www.forbes.at/artikel/der-kult-um-das-unnoetige. Zugegriffen: 23. März 2025.

Graham B (2003) Intelligent Investieren: Der Bestseller über die richtige Anlagestrategie. FinanzBuch Verlag, München

Hayes A (2023) Why did Warren Buffett invest heavily in Coca-Cola (KO) in the late 1980s? Investopedia. https://www.investopedia.com/ask/answers/052615/why-did-warren-buffett-invest-heavily-cocacola-ko-late-1980s.asp. Zugegriffen: 23. März 2025.

Hübner G (2024) Hohe Dividendenrendite kann auch Warnsignal sein. Deutsches Institut für Altersvorsorge (DIA). https://www.dia-vorsorge.de/hohe-dividendenrendite-kann-auch-warnsignal-sein/. Zugegriffen: 18. März 2025.

ING (o. J.a) Gender Investment: Sind Frauen besser beim Geldanlegen? https://www.ing.de/wissen/gender-investment/. Zugegriffen: 23. März 2025.

ING (o. J.b) Privatanleger-Analyse zeigt: Frauen auf dem Vormarsch. https://www.ing.de/ueber-uns/presse/pressemitteilungen/ing-privatanleger-analyse-frauen-auf-dem-vormarsch/. Zugegriffen: 23. März 2025. Zugegriffen: 23. März 2025

Investopedia (2025) Exchange-Traded Fund (ETF). https://www.investopedia.com/terms/e/etf.asp. Zugegriffen: 23. März 2025.

justETF (2024) MSCI World Index – ETF Übersicht (Stand: 30.04.2024). https://www.justetf.com/de/etf-profile.html?index=MSCI-WORLD. Zugegriffen: 21. März 2025.

justETF (2025) DAX Index – ETF Liste. https://www.justetf.com/de/etf-profile.html?index=DAX. Zugegriffen: 21. März 2025.

justETF (2025) ETF-Sparplan-Rechner. https://www.justetf.com/de/etf-sparplan/etf-sparplan-rechner.html. Zugegriffen: 23. März 2025.

Kagan J (2025) Tax gain/loss harvesting. Investopedia. https://www.investopedia.com/terms/t/taxgainlossharvesting.asp. Zugegriffen: 23. März 2025.

Louis Vuitton (2025) Kann man Louis Vuitton Produkte vergünstigt kaufen? https://de.louisvuitton.com/deu-de/haufige-fragen/unternehmensinformationen/kann-man-louis-vuitton-produkte-vergunstigt-kaufen. Zugegriffen: 23. März 2025.

Leonhardt J (2024) Luxus-Aktie: Warum Hermès besser ist. WirtschaftsWoche. https://www.wiwo.de/finanzen/boerse/luxusaktie-warum-hermes-besser-ist/29916672.html. Zugriffen am 31. Juli 2025

Manager Magazin (2015) Erfolg, Reichtum, Glück: Denken wie Warren Buffett. https://www.manager-magazin.de/finanzen/artikel/erfolg-reichtum-glueck-denken-wie-warren-buffett-a-1057702.html. Zugegriffen: 23. März 2025.

Mazzotta A (2025) Warum die berühmte Chanel 2.55 eine gute Investition ist. Catawiki. https://www.catawiki.com/de/stories/3133-warum-die-beruhmte-chanel-2-55-eine-gute-investition-ist. Zugegriffen: 23. März 2025.

Morningstar (2023) Morningstar Active/Passive Barometer: Only 7% of active U.S. equity funds beat their passive peers over 10 years. https://www.barrons.com/advisor/articles/morningstar-active-passive-funds-d29efe53. Zugegriffen: 21. März 2025.

MSCI (2024) MSCI Website. https://www.msci.com/. Zugegriffen: 23. März 2025.

Powanda M (2012) Antizyklische Handelsstrategie. Masterarbeit, Universität Leipzig, Leipzig (verfasst unter dem Mädchennamen; heute: Marsal Ghiasi)

Scott J (2024) Umsatzrekord: Chanel kratzt 2023 an der 20-Milliarden-Marke. FashionUnited. https://fashionunited.de/nachrichten/business/umsatzrekord-chanel-kratzt-2023-an-der-20-milliarden-marke/2024052256581. Zugegriffen: 23. März 2025.

Sotheby's (2025) Understanding the Latest 2024 Chanel Bag Price Hikes and the Resale Market. https://www.sothebys.com/. Zugegriffen: 23. März 2025.

Uhr V (2024) 3 % oder 5 % Dividende – klare Wahl oder? Aktienwelt360. https://www.aktienwelt360.de/2024/09/01/3-oder-5-dividende-klare-wahl-oder/. Zugegriffen: 23. März 2025.

Vance A (2015) Elon Musk: Tesla, SpaceX und die Reise eines visionären Unternehmers. FinanzBuch Verlag, München

Vogue (2023) Gucci's Jackie Bag has taken on a life of its own. https://www.vogue.co.uk/article/gucci-jackie-bag. Zugegriffen: 23. März 2025.

Wikipedia (2025) Liste von Aktienindizes. https://de.wikipedia.org/wiki/Liste_von_Aktienindizes. Zugegriffen: 23. März 2025.

Ivy (2025) Hermes 2025: Alles über die jährliche Preiserhöhung. Welpop. https://www.welpop.com/de/hermes-2025-alles-ueber-die-jaehrliche-preiserhoehung/. Zugegriffen: 23. März 2025.

GPSR Compliance
The European Union's (EU) General Product Safety Regulation (GPSR) is a set
of rules that requires consumer products to be safe and our obligations to
ensure this.

If you have any concerns about our products, you can contact us on

ProductSafety@springernature.com

In case Publisher is established outside the EU, the EU authorized
representative is:

Springer Nature Customer Service Center GmbH
Europaplatz 3
69115 Heidelberg, Germany